溝通中

持續一生的溝通練習

胡興梅 著

溝通障礙怎麼解？

99練習，有效！

國家圖書館出版品預行編目資料

溝通中：持續一生的溝通練習／胡興梅著.－－初版一刷.－－臺北市：三民，2017
面；　公分.－－(養生智慧)

ISBN 978-957-14-6322-3　(平裝)

1. 人際傳播 2. 溝通技巧

177.1　　　　106013150

 溝通中
——持續一生的溝通練習

著作人	胡興梅
責任編輯	戴學玟
美術設計	黃愛平
插畫設計	胡鈞怡
發行人	劉振強
著作財產權人	三民書局股份有限公司
發行所	三民書局股份有限公司
	地址　臺北市復興北路386號
	電話　(02)25006600
	郵撥帳號　0009998-5
門市部	(復北店) 臺北市復興北路386號
	(重南店) 臺北市重慶南路一段61號
出版日期	初版一刷　2017年9月
編號	S 541420

行政院新聞局登記證局版臺業字第〇二〇〇號

ISBN　978-957-14-6322-3　(平裝)

http://www.sanmin.com.tw　三民網路書店

養生智慧

叢書出版緣起

隨著醫學科技日益進步，大幅延長人類的壽命，台灣在一九九三年已進入聯合國定義的高齡化社會。根據統計，不久的將來，老年人口將會佔總人口數的百分之二十，台灣將進入「超高齡社會」，意味著每四到五個人中，就有一位老人。

過往人們追求延長壽命的觀念，也進一步轉變成如何「活得老，也活得好」的整體規劃。人們開始認真思考熟齡生活該如何計畫、身體該如何養護、人際關係該如何整理等問題。政府也訂定了許多相關的法令，提供年長者各式各樣的服務與補助，期望能營造一個友善的環境，讓每個人都能老得自在、老得快活！

身為對社會具有責任的文化出版者，我們是否也能為熟齡社會做些什麼？在一番觀察與反省後，我們思索著要帶給社會一些什麼樣的東西，讓台灣的熟齡世代，可以朝向一個更美好、更有希望及更理想的未來。以此作為基礎，我們企劃了【養生智慧】系列叢書，邀集各領域中學有專精的醫師、專家學者，共同為社會盡一分心力，提供熟齡世代以更嶄新的眼光、更深層的思考，重新看待自己的生命與未來，省視自我的人生歷練，進而邁向更完整、圓融的生命歷程。

【養生智慧】系列叢書涵蓋生理、心理與社會生活層面，以提供熟年世代更多元、更豐富的視野，達到「成功老化」的目標。「生理與心理層面」以常見的生理及心理疾病作為架構，集結了各大醫院的醫師與學者，以專業的角度介紹、分析，並以實務上豐富的閱歷提出具體的建議與提醒，不僅能提供患者及其家屬實用的醫護內容，更是一般大眾的預防保健寶典。「社會生活層面」則涵蓋熟齡生活的所有面向，包含人際關係的經營、休閒活動的安排及世代溝通的技巧等，使讀者能成功邁向擁有健康身體，且心靈富足的熟年生活。

本系列叢書重視知識的可信度與嚴謹性，並強調文字的易讀性與親切感，除了使讀者獲得正確的知識，更期待能轉化知識為正向、積極的生活行動力。我們深切地期望【養生智慧】系列叢書，能成為熟年世代的生涯良伴，讓我們透過閱讀，擁有更完整、更美好的人生。

三民書局編輯部　謹識

推薦序 1

打開天窗～學習溝通

知名親子文學作家　丘引

我的美國朋友大衛對我說：「我的中國同事被開除了！」大衛是在美國很大的家庭裝飾品與建材連鎖零售公司家得寶 (Home Depot) 的電腦資訊部門工作。電腦部門的軟體設計師高達一千人，人人都擁有很漂亮的學歷，薪水很高，福利也非常好，那是非常搶手的工作。

「她為什麼被炒魷魚了？」我問。

「也許是她太安靜了，只會做事，不會說話，不懂和人家溝通吧！」大衛說。

之前大衛就曾說，有一位中國來的同事，吃午餐時，總是安安靜靜地吃，不會和同事聊天。而美國人一起午餐，都是從第一口飯聊到最後一滴米粒的，那是美國人大展長才，是收集資訊情報和建立人脈的關鍵時刻，怎能只是低頭吃飯滑手機呢？

我的另一個朋友史蒂芬在一家很大的資訊軟體公司工作，每一個企劃案都需要和一千個人溝通，而且是每天固定時間在網路上做跨國連線開會。每天開完會，史蒂芬嘆氣說：「印度人說的英語太難懂了，和他們溝通實在很難。但是，工程龐大，我們不能只是會設計軟體，我們還得和很多人溝通，才能夠完成工作。偏偏，印度人的英語實在不能苟同，只有他們自己懂自己在說什麼！」

我的一個同事很優秀，他高中時的成績平均是四．〇，這在美國的成績是滿分。「我當年申請喬治亞理工學院（Georgia Tech），我的成績那麼高，也做了義工……，但該校就是沒有錄取我，因此，我沒有就讀我的夢想科系。」說到這，我的同事一副不能理解的模樣，而我，猜出來了，因為他不擅長溝通，他害怕和人家說話。

哎！溝通，就是要說得對方聽得進去，聽得懂，而且要達到目標，才算大功告成。擁有好成績，不一定進得了好學校。進了好學校，不一定找得到好工作。找到好工作，不一定不被炒魷魚。

現在來看看我的另一個五十幾歲的同事海倫的溝通能力，她平時就喜歡與人溝通，有一天我的眼睛突然不舒服，需要緊急就醫，但美國的醫療制度預約得花很長的時間還不一定看得到醫生，而我的同事就有這個本事說服還有五分鐘就打烊的眼科醫院延遲打烊，「我們二十分鐘就會抵達，請您們務必等我們到來，我的同事需要緊急就醫。」

海倫究竟是怎麼辦到的？很簡單，她在電話中說，「陳醫生是哪兒來的？」「喔！台灣來的？我的同事也是台灣來的，台灣人在海外一定要幫忙台灣人的……，請務必拜託陳醫生為我的同事留下來，我們會很感激也很感恩他的開放……。」

如果你的溝通能力有待加強，胡興梅老師的著作《溝通中——持續一生的溝通練習》一書，是可以借鏡的。台灣的長者溝通能力在傳統嚴肅的環境下走過來，和美國的長者侃侃而談相差十萬八千里，而現在，正是學習溝通的時刻。

推薦序 2

在溝通中生活，在生活中溝通

——胡興梅先生新書出版贅言

中央研究院　近代史研究所院士　張玉法

現三民書局為銀髮族出版叢書很有創意，讀到胡興梅先生的《溝通中——持續一生的溝通練習》後，啟發良多。胡興梅先生早年致力於歷史研究，在大學教書的過程中，發現年輕一代對如何建立人際關係多不了解，乃轉而從事這一方面的研究、開這一方面的課，想不到人際關係方面的課比歷史方面的課更受學生歡迎；這可能與學生們覺得歷史知識陳腐、人際關係方面的知識新穎有關。人際關係方面的知識，不僅受學生歡迎，寫成書籍，也廣受讀者歡迎，可能的原因，是現在的年輕人缺少這一方面的知識。

在傳統中國文化中，「作之君、作之師」、「君君、臣臣、父父、子子」的思想濃厚，很少有「溝通」的觀念。臣子為了限制君權，提出「天視自我民視，天聽自我民聽」，並建立管道，使下情上達，但效果不大。上行下效，一般社會威權主義流行，做子女的不滿父母嚴格的管教，自己做了父母，同樣嚴格地管教子女；作人民的不滿當政者專制，一旦自己當了政同樣專制。不管他的國籍如何？只要有古老中國人的基因，本性很難變，前些年有一位美國華僑以「虎媽」著名即為一例。在這種文化傳承中，年輕一代是多麼希望有一種知識和能力，可以與上一代、上級、高高在上者溝通。另一方面，由於社會進步迅速，幾年就是一個世代，不僅祖父母和父母之間、父母和子女之間有代溝，兄姐和弟妹之間也有代溝。在這種情形下，上一代如何與下一代對話、年長幾歲者如何與年輕幾歲者對話，都需要有專門的知識。這是「溝通」這門學問廣受現代各階層、各行業的人歡迎的最大原因。

人際溝通有許多種，包括人民與政府之間、不同宗教之間、不同族群之間、不同性別之間。胡興梅先生這本書專講世代溝通，包括父母與子女的溝通、老師與學生的溝通、老闆與伙計的溝通。溝通之道，書中論述精詳，有待讀者琢磨。

我讀過本書之後，頗有心得，願與讀者分享：溝通時要找共通的語言，要有關愛和包容的心，設身處地，多為對方著想，切忌說教。溝通的主體和客體在本質上是較難改變的，譬如老一輩和年輕一輩心情不同、不同價值觀的人對價值的認定不同，能從不同之間找出共同之處，即需要靠溝通。溝通要選擇時機，順勢而為，避免硬碰硬；遇到困難，換個方向、換個角度；以閒聊反映正題，避免單刀直入。溝通不是全然使別人接納你的意見，可試著接納別人的意見，或修改自己的意見；溝通以前宜先自我檢討，不宜直指別人缺失。以上各點，說來容易做來難。

儘管溝通困難，生在講求溝通的時代或社會總是幸福的。善於溝通的人，不僅處人做事諸事順利，有時且可一言興邦。在蔣經國當政時期，國策顧問陶伯川先生常主動找蔣經國進言。有一次蔣經國說：「陶先生，你看我們父子對國事還不夠盡力麼？為什麼老是有人罵我們呢？」陶先生說：「是很盡力了！但你們父子所做的，是你們自己想做的，不一定是人民想要做的。」蔣經國點頭稱謝。據陶先生觀察，蔣經國日後在施政方策上有許多改變，並全力建設臺灣，與此次談話有關。陶伯川先生可謂為善於溝通者。

推薦序3

何謂溝通？

龍山國小退休教師　劉德宏

人與人之間往往因不了解，而產生誤會，發生衝突。惟有溝通能化解誤會，以增進和諧。

而何謂溝通？溝通就是要使彼此的看法、觀念暢通無阻，不要有誤會，進而加強彼此間的認識，了解雙方的立場和需求，以促進彼此交流，創造世代共融。

這是一本非常適合的好書，作者詳細地、逐步地提供了溝通的重點，並列舉了實際的例證，讓讀者知道怎樣表達能使人明瞭、接受，以及如何突破世代溝通的障礙。

兩代之間，會因年齡、經驗、觀念、時代的不同等因素產生差異。因此，在與長者溝通時，要謙恭有禮。同樣的道理，更應多為對方著想、認同與接納，不可認定對方頑固、守舊；與年輕人溝通時，則應包容、接納，不要倚老賣老，堅持己見，而覺得只要聽我的就對了，因為年輕衝動，容易栽跟斗。

總之，都要尊重對方，取人之長，補己之短，察言觀色，誤觸地雷。保持真誠、體諒、幽默、風趣的輕鬆自然態度。

疾病往往會影響一個人的情緒，會因年歲增多，體能減退，腰酸背痛，疾病上身等原因，感到難受不舒服而致失眠，脾氣暴躁。年輕的朋友應該同情他、了解他、迎合他，並為他設身處地的著想。

真愛無礙，人際之間有一種不受時空限制，不但擁有無窮力量，且無堅不摧的東西，那就是—愛。我們應該要用愛積極地聆聽，聽出其中端倪，以及弦外之音。並要敞開自己的心胸，化解時間上所產生的差異，去找到正確的含意，完整的內容和重點。

走入對方的世界，了解對方的特質，並設法改變自己，拉近彼此距離，當與對方有了連接，就開始有了新的溝通；當發現對方世界是快樂的，自然不牴觸或產生阻力，而對方的心門也會為你而開，彼此分享，採取實際行動。

對於各種障礙，都以愛為出發點、為基礎，共同創造出共融的結果，實現和諧，美滿人生，幸福生活。

序

胡興梅

現今由於世代變化太快，導致不同世代間的落差越來越大，尤其是青年朋友和年長者之間的鴻溝與對立，更日趨嚴重。有鑑於此，基於多年教學與研究及自身經驗累積，期望對此議題有所關注和找出解決方案，以供不同世代朋友參考，乃應三民書局邀約撰寫本書。

本書撰寫原則，係依據實際狀況，以原則性解說並輔以案例來印證，不僅提出不同說法與方式來解決世代溝通爭議和問題，更期盼能幫助有此需求的朋友，透過書中案例，自行模擬找出可行方案，然後展開實際行動。尤其要有勇氣去開始嘗試，只要你有決心、不害羞、不懼怕、放得開也放得下，就一定能做到。

就以筆者自身來說，由於一直在教育界也就是大學任教，而且長期參與輔導實務工作，並曾帶領師培學生實習，其中大都是輔導類科的實習老師，再加上本人非常喜愛親近學生，和青年學子互動，傾聽他們的心聲。因此，對青年朋友比較了解，也能同理他們的經驗和看法。尤其在擔任學務長期間，天天和學生打成一片，參與他們各種活動，處理許多學生問題，累積多元經驗，並將這些經驗推理轉化為本書中各種實例，以供讀者們參考。

除此之外，筆者還特別在女兒的成長過程中，全程參與她的所有活動和喜好，包括影視、動漫畫、公仔、各種書籍與青年朋友次文化內涵，並學習獲得不同層次的文化薰陶，懂得年輕人的次文化語言，才能和他們真誠且充分溝通，並走入他們的經驗與內心世界中。

為此，還特別下載寶可夢手機遊戲，去體驗手遊世界，及年輕人為何如此沉迷的心情，經由這項實驗對自己成長幫助甚大，也真的比較能和他們打成一片。所以教學相長，筆者從學生或兒女身上學到的東西，真是何其之多。相信筆者可以做到，年長朋友只要肯嘗試，也一定能做到。

因此，本書絕非只是提出一些原則、方法或說法，來告訴大家世代溝通的方式，而是提出具體可行建議和作法，經過筆者親身體驗並做到後，才在本書中提出，供大家參考。當然在溝通的世界中，沒有任何方式可以適用所有人，或解決所有問題，它必須依每個人不同需要及現況，據此來調整自己的方法。所以，經由經驗累積和書中各種方式的參考，期望能為不同世代朋友找出可行之道。

其實這中間還有一項不變的原則，那就是「愛」。不論任何世代，只要能以愛為基礎，從愛出發，則任何難關和障礙都可以克服。因此碰到任何世代溝通問題，只要先以關懷心和愛為出發點，就已經解決一大半問題了。

由此可知，「愛」是一切溝通法則的根本，只要以愛為基礎，具有世代情，並引發出溝通心，有心想要去溝通，再難的問題都可以迎刃而解，也將去除一切障礙。在此請所有不同世代的朋友，讓我們大家攜手同心，共創世代雙贏及共融（榮）吧！

溝通中
持續一生的溝通練習

目次

Q2 常見的世代溝通障礙有哪些？

Q3 老化，如何影響了彼此的溝通？

進階題

溝通的方式和技巧有哪些？

Q6 溝通不NG，給你5個小撇步

Q7 給熟年世代自我表達的小建議

實用題

Q10 當我們要進行溝通時，可以這樣

基礎題

溝通的基本概念有哪些？

人類在邁入二十一世紀後，經歷了金融風暴，世界經濟逐漸下滑，不景氣的現象也日趨嚴重，導致年輕世代想要賺錢越來越不容易。再加上第二次世界大戰戰後嬰兒潮的這一世代人逐漸老化，一方面必須消耗社會資源、提供社會福利，另一方面卻還掌握著絕大部分的資源和財富，使世代剝奪感油然而生，甚至造成世代對立的現象日趨嚴重，台灣地區自然也不例外，並且有越來越明顯的趨勢。

有鑑於此，實有必要針對此種狀況，提出相對應的處理方式和作為，化解不同世代間的誤解和隔閡，使社會趨於和諧，創造美好的未來，以及雙贏、互利的局面。

所以，接下來將從「溝通」著手，使不同世代經由認識溝通、了解溝通障礙，以及老化與疾病對溝通所帶來的影響，加強彼此間的認識，了解雙方的立場和需求，促進彼此交流，創造世代共融（榮）。

Q1 什麼是溝通？

所謂「溝通」，簡單來說就是「經由若干管道，將溝通者之訊息，包括態度、意見、想法、觀念或情感等，傳達至對方的一種過程 (Who says what to whom by what channel)」。其中包含了四項重要因素，那就是溝通者 (Communicator) 或訊息來源 (Source)、訊息 (Message)、傳遞管道 (Channel) 及訊息接收者 (Receiver)。

如下圖所示：

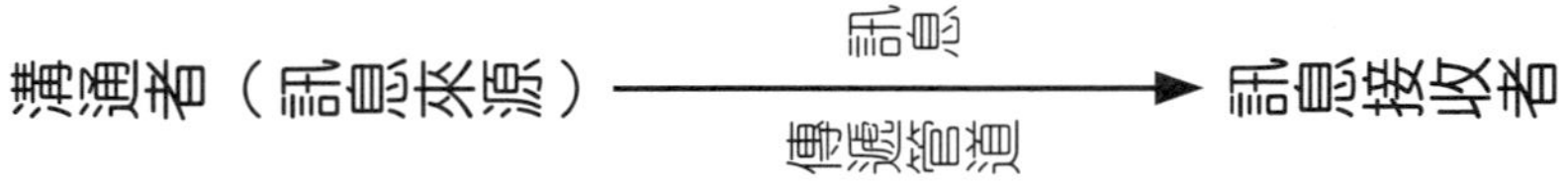

接著，將針對此四要素分別論述：

1、溝通者或訊息來源：是誰想要表達？

舉例來說，小劉目前做的是一份既辛苦又沒有進一步發展可能的工作，不但薪水一直偏低也沒有調薪的空間，於是他想換一份工作，並將此事告知父親，一方面除了想聽聽父親的意見，另一方面則是想獲得父親的支持。此時，小劉在這個溝通情境中，就處於溝通者或訊息來源的位置。

2、訊息：你想表達什麼？

當小劉將他想換工作的心意和想法告知父親時，他一定會將為何產生此想法的原因，以及此時在工作上所遇到的不理想狀況，甚至非常不愉快的心情等，都一五一十地表達讓父親知悉，而小劉陳述的這些內容就是訊息。

3、傳遞管道：該怎麼表達好呢？

想要將溝通訊息傳遞給訊息接收者，需透過一些管道來進行，使訊息能有效的傳遞給訊息接收者。以小劉來說，即是該如何做，才能將想換工作的心意與想法告知父親，使其父親知道與了解。

這些傳遞管道約略包含三種：

(1)言語傳遞管道。

(2)文字傳遞管道，例如書信、便條紙及卡片等。

(3)網路傳遞管道，例如透過E-mail和Line等。

其中最常被使用的當屬言語傳遞管道，經由面對面言語溝通，讓訊息接收者收訊與知曉；或者不方便、害羞或不習慣當面用言語傳遞訊息者，也可使用書寫便條紙、卡片、信件等，寄放在接收者可及的範圍中，傳遞讓他接收；另外在電腦與網路普及的狀況下，更可以用E-mail或Line等通訊軟體傳遞溝通訊息，讓接收者明瞭，也是現今最受年輕人喜愛和最常被使用到的方式。

總而言之，以上這些傳遞管道，使用上並不限於只能用其中一種方式，可視當時溝通狀況的需要，選擇同時運用多重溝通管道來傳遞溝通訊息。

4、訊息接收者：你懂我在說什麼嗎？

談到訊息接收者，也就是溝通的對象。從以上所舉的例子來看，小劉的父親，就是當然的訊息接收者。

總括來說，溝通就是當事人雙方經由溝通傳遞管道，將彼此欲溝通的訊息，傳遞給對方了解的一種過程。這種過程看似單純、不複雜，但實際運用起來卻也不是那麼簡單與容易。因為這個過程最重要的變因是「人」，不論是溝通者還是訊息接收者都是人，其中還牽涉到人的喜惡、意願、選擇、抗拒、愛戀、懼怕、煩躁等各種情緒及主觀認知。因此成為非常複雜的因素，而且人是一種無比善變的動物，隨時都在變化也難以捉摸。

所以，在溝通的過程中，如果無法有效地掌握這些複雜因素，很容易就會面對失敗的結果。

此外，在認識溝通的過程中，除了要了解溝通的構成要素和結構，更重要是能掌握溝通中的各種狀況與變化。這是溝通的困難之處，也是接下來要繼續探討的重點。

Q. 如何跟父親溝通？
寫信？
優：正式
缺：字很醜
LINE？
優：即時
發送！
缺：被已讀
等回訊很煎熬
有什麼話
就走過來說！

Q2 常見的世代溝通障礙有哪些？

誠如Q1中所論述的，溝通其實是蠻複雜與困難的一種行為，尤其是在年輕和熟年兩個世代間，彼此橫亙著年齡、經驗、觀念、時代等各種差異，造成兩個世代的溝通障礙。以下將分別從觀念差異、經驗不同、自以為是、堅持己見、倚老賣老等五項溝通障礙來逐一探討。

1、觀念差異：原來我們沒有想像中那麼近

所謂觀念差異，通俗來說就是「代溝」。年輕人和年長者之間，由於時代背景、成長過程或所處環境截然不同，也就形成彼此對各種事物看法的差別。

”

阿凱大學畢業後就到一間科技公司任職，對於年紀與父親差不多大、資歷很深的主管，阿凱相當的敬重。但雙方在相處的過程中，漸漸地因為做事方法、使用金錢等觀念上的落差太大，而產生許多摩擦。導致彼此間相處越來越痛苦，代溝也越來越深。

做事情不就應該要講求效率嗎？照既定程序處理，只會耽誤時間跟績效，也無法增加生產力。既然如此，為什麼不去試著創新、改變看看呢？我也知道儲蓄的重要，但是工作那麼辛苦，就是要偶爾購物、旅行來犒賞一下自己，才有繼續努力工作的動力啊！難道追求「小確幸」錯了嗎？

阿凱

> 幾十年來我都是用這套程序處理事情，也沒有發生什麼差錯，有什麼不好？要改變就會有風險，萬一失敗了怎麼辦？另外，為什麼要把錢都花在那種吃完、用完就沒有了的項目上？難道追求「小確幸」有比買一棟屬於自己的房子所獲得的成就感與滿足感大嗎？

主管

由此可見，觀念上的差異或代溝，是世代溝通所產生的第一道障礙。

2、經驗不同：嘴上無毛，辦事不牢

世代間由於年齡差距，彼此在經驗上完全不同。因此，我們常常會聽到年長的朋友說「年輕人嘴上無毛，辦事不牢」、「年輕人別衝得太快，小心栽跟斗」等話語。表現出年長者由於生活閱歷多，經驗也比較豐富，因此被形容為「江湖走老，膽子走小」。反過來，對年輕人來說，很多事情都未曾經歷過，也沒有這方面的經驗，才被形容為「初生之犢不畏虎」，這都是因經驗不同所產生的結果。

某日，阿凱向主管報告他規劃了一份產線製程的更新方案。阿凱對於自己提出的方案充滿信心，但主管卻十分不看好，認為內容欠缺思慮，如此貿然地提出也只會被上級反駁。

提出任何方案前，應該要考量公司的立場，也需要先跟其他部門溝通，這樣成功的機率才高！年輕人就是缺乏經驗。

主管

> 我花了很多心力才提出的方案，卻被主管認為思慮不周，連一句鼓勵都沒有。一定是主管的忌妒心在作祟、故意刁難我，認為菜鳥才剛來就能提出新的更新方案，讓主管覺得沒面子了！

阿凱

這就是累積的經驗不同，而造成了溝通的障礙。而當這個方案呈上去之後，就如主管所認為的被公司駁回了，這也證明年長者的經驗，還是有他的道理與價值存在。

3、自以為是：只有我說的才是正確的

不論是年長或年輕朋友，若說二者共同具備的溝通障礙，當屬「自以為是」。因為每個人都會先以自我為中心，凡事先就自己的意見或喜好作為判斷事物的標準，喜歡就認為是對的，不喜歡就認為是錯的，即使

它是很理想並值得接納的意見，也仍然無法接受。如果不能放寬自己的眼界，打破自我的設限，那麼雙方就無法產生交集，而導致溝通出現困難和障礙。

”

阿凱最近向主管提出申請想要汰換公司配發的舊電腦，以增加工作效率，卻遭到主管的否決。即使阿凱一再地解釋、說明汰換舊電腦的好處，主管仍是不為所動。

現有的電腦都好舊唷，都慢到嚴重影響工作的進行，為什麼還不換？而且現在科技進步得那麼快，主管可不可以不要自以為是的拿以前的經驗來說了。

阿凱

電腦明明就還能用，換掉不是浪費嗎？想當初，我們沒有電腦，靠著一枝筆、一張紙和一台計算機，都能完成工作，現在只是電腦舊了一點就要淘汰，還在那邊嫌東嫌西、找藉口，難道都不覺得慚愧嗎？

主管

彼此的關係更加的惡化，這次的溝通還是宣告失敗收場。

“

4、堅持己見：你聽我的就對了

年長的朋友相較於年輕朋友來說，更容易堅持己見。因為，他們自詡經驗豐富、見多識廣，且資歷較深，自然覺得自己意見優於初出茅廬的年輕朋友。因此，在和年輕人溝通時較容易堅持己見，不易接受年輕人的意見，導致彼此發生衝突，進一步造成溝通障礙。

阿凱的主管有一項獨特的堅持，就是公文必須先以手寫稿給他過目、修改後，才能打成電子檔列印、上簽呈。針對此事，阿凱數度與主管反映效率低落的狀況，但都無法動搖主管的堅持。

手寫文書是一種美德，雖然會多費一道工，但是這麼優良的傳統藝術當然要保持下來啊！並不是什麼都要創新才是王道，有時候保持傳統也是必要的。年輕人，多學學吧！

主管

為什麼要堅持那麼效率低落的工作方式呢？既然最後

阿凱

都要電腦打字、列印，為什麼不一開始就這樣做？真是費時、費工，而且毫無效率可言，真不懂主管在堅持什麼？

5、倚老賣老：我吃過的鹽比你吃過的米還多

年長者常會將兩句話掛在嘴邊，那就是「我過的橋比你走的路多」或「我吃的鹽比你吃的米多」。意味著他們經歷久長且經驗豐富。同時，他們眼中的年輕朋友實在是太嫩了，沒有經驗、欠缺歷練，還覺得自己懂得創新及走在時代尖端。殊不知在年長的朋友眼中，這些都不算什麼，以他們的角度看來，再怎麼新奇或富有創意的東西，也比不過實際經歷來得重要。所以，不時就會顯得倚老賣老，在與年輕朋友的溝通之間，又豎起了另外一層障礙。

某日，主管交派阿凱必須在預算內，一次採買完畢單位內所需的文具用品。在到市場訪價之後，阿凱發現這個任務根本無法完成，因為主管給予的預算偏低，於是立刻回報這個情況給主管。主管知道後就接手處理，第二天，就有文具廠商將所需文具送來，且價格控制在預算之內。

阿凱不禁納悶主管是如何辦到的，在一番探查後發現，主管與該廠商是多年合作夥伴，交情超好，所以只要主管出面就能在偏低的預算下買齊文具。

主管既然跟這個廠商是長期合作夥伴，為什麼不早點跟我說呢？明知道我不可能完成任務，還倚老賣老地嘲諷我一頓。為什麼要讓菜鳥這樣難堪、沒面子？

阿凱

年輕人就是辦事不牢靠，你看，最後還不是要老人家我出馬才能搞定。嘮叨你們還不服氣，想要不被嘮叨就拿出本事來啊！

主管

阿凱與主管間的摩擦不斷，溝通也困難重重，隨著時間的過去，這些問題不斷的累積，也一直無法找到化解之道。最後，阿凱在無法換單位但也忍無可忍的情況下，與主管大吵一架後便憤而離職走人。

“

以上這些溝通障礙，讓當事人雙方都付出了可觀的代價，實在是非常可惜。

Q3 老化，如何影響了彼此的溝通？

世代間溝通會發生狀況，或如Q2中所談論的各種障礙，就年長的朋友而言，其中很重要的因素是和老化有關。

因此，接下來將針對老化對溝通所產生的影響，分從頑固守舊、失去自我、沒了重心、感覺孤單以及時不我與等五個方面來做探討。

1、頑固守舊：我不是老頑固

年長的朋友隨著年齡的增長和經驗的累積，對很多事物的看法在日積月累之下，慢慢定型。而且，時間越久經驗越容易固定，所形成的觀念也很難再改變。在此情況下，容易被年輕朋友視為頑固守舊，成為老化的一種徵象。

再加上兩者因處於不同世代和環境，各有各的時代特質，如果年長者，硬要將自己所處環境和時代特質，強加到年輕朋友身上，自然會造成兩個世代的衝突和溝通不良。

”

小敏出身於所謂的書香世家，家中長輩的觀念非常傳統，認為女孩子就應該秀秀氣氣、文靜有禮且中規中矩。但在現今這個提倡男女平等的時代，有很多女生比男生更外向、開放，更積極參與各項公共事務與活動。

而小敏在上大學後，積極參加社團、嘗試不同的外型打扮，更挑戰了刺青藝術，但這樣的行為卻無法被爸爸接受。在數次溝通無果後，小敏決定在外租屋，避開與父親的接觸。

現在已經是二十一世紀了，觀念可不可以不要那麼古板呢？我只是讓自己的打扮更有特色而已，真的有那麼嚴重嗎？看看其他路上的年輕人，我真的覺得我的穿著打扮只是還好而已。

小敏

「身體髮膚，受之父母，不敢毀傷，孝之始也。」還在刺青？這樣外人會如何看待妳、看待我？妳那麼離經叛道的穿著打扮，是要我這張老臉在親戚朋友面前往哪擺？

爸爸

小敏如此消極逃避的行為，不但無法讓父女間的關係回溫，更嚴重影響了彼此的溝通。

2、失去自我：我是誰?!

年長者隨著年齡的增長與工作日趨穩定，甚至即將退休，此時家中兒女也已長大，開始出外求學或工作，家庭漸漸變成空巢，之前為工作、子女和家人忙碌與付出的日子，一下子變得清閒許多。

在這種狀況下，將導致年長者慢慢失去自我的價值，開始疑東疑西，覺得大家都對他不好，忽略了他的感受，容易自怨自艾，脾氣變得古怪，性情猶疑不定，溝通起來十分困難，連和周遭親朋好友的關係與互動，都將受到嚴重影響。

”

自從小敏的哥哥出國求學後便留在國外工作，家中僅剩她與父母。現在她又搬到外面居住，家頓時變成空巢，只剩父母在家。而即將退休的父親，生活中的閒暇時間變多，但又沒有將時間作妥善的安排，頓時覺得自己的價值漸漸消失。在此情況下，爸爸漸漸變得容易唉聲嘆氣、情緒起伏不定，連媽媽都感受到爸爸強烈的變化，而且更難溝通。

在爸爸生日當天，小敏早早就訂好餐廳並提前回家準備帶他們去餐廳慶生。但當小敏回到家時，只見爸爸坐在客廳看電視，並表示不願讓小敏幫忙過生日，氣氛馬上降到谷底，小敏的心意也付諸流水。

不是決定要搬出去嗎？回來幹嘛？妳不是不要我這個爸爸了嗎？那幹嘛還回來幫我過生日，這麼偉大的女兒要幫我過生日，我可擔當不起。

爸爸

我不是不孝，不回到你身邊陪伴你，只是想給彼此一點空間，減少摩擦而已，為什麼就不能體諒我的作法？

小敏

而且幫爸爸過生日是我的一番心意，為什麼要這樣嘲諷我？真的令我很受傷！

在小敏爸爸情緒的影響下，讓父女之間的感情與溝通，又遭受一次打擊。

3、沒了重心：心裡覺得空空的

當時序進入到晚年，很多年長的朋友都會有一種強烈感受，好像屬於他們的時代已經過去了，現在這個時代並無法被他們所掌握，一切事情都超出他們所能理解和認同的範圍。過去一心一意將所有精力都放在工作和家庭中，可是一夕間好像什麼都消失不見了，頓時失去了重心，感覺一切都變得不踏實，莫名湧現出一股強烈的失落感。

這是很多年長的朋友都有的心聲與經驗，在失去重心的感受下，會產生一種對事物的焦慮和不安全感。尤其，在子女相繼長大後，更覺失去對他們的掌控，而工作上又得交棒，處處都顯得自己已不再是重心，情緒變得紛亂不安，很在意他人的看法，對於他人的一舉一動都很敏感，稍有不如意就會有強烈的防衛心，導致自我築牆，造成對人際和溝通上的明顯影響。

”

擔心爸爸因為悶在家中的時間越來越多會悶出毛病的小敏，建議爸爸拜訪老友或學習新事物，重新安排人生的重心。但沒想到爸爸不但不領情，並且反彈得很激烈。即使小敏一再解釋，在爸爸強烈的自我防衛心與失去重心的情緒影響下，父女兩人仍舊無法好好溝通。

小敏

我只是單純的希望爸爸能夠快樂的過退休生活，而不是整天唉聲嘆氣的，看著這樣子的爸爸我也很心疼。爸爸，你能不能稍微理解一下我的苦心呢？

爸爸

妳現在是在憐憫我嗎？是覺得我退休了就無用了是不是？告訴妳，我還很健康，沒有無用到需要妳來操心的地步，管好妳自己就好。

4、感覺孤單：孤單、寂寞、覺得冷

記得，筆者二〇一五年暑假去北歐旅遊，在丹麥皇宮中看到了一幅壁畫，內容是呈現人的一生。從出生時便是一個人來到世界上，加入一個家庭或家族變成一家人。等長大成年後，離家出外打拼，並成家立業，然後繁衍子孫，組成新的家庭。當子女也成長逐一離家，此時這個家又將變成空巢。最後當人離世時，還是孤單一個人走。

所以，每個人都是一個人來到世上，最後還是一個人離開，任何人都不能例外，這是人生必經的歷程。因此，年長的朋友在年歲逐漸增長中，家中成員一個個離家而去，親朋好友也漸漸離世，午夜夢回時，油然升起一股孤獨之感，如果覺得孤單，也是一個必然的狀況。此時這種孤單的感受，也就是老化必經的象徵之一。

”

隨著歲數的增長，爸爸也覺得越來越孤單，雖然想讓小敏回到身邊，但還是放不下身段，更不願透露出示弱的信息。其實，小敏也有感受到爸爸的心境隨著時間而有很大的變化，因此提出願意搬回來住，陪伴爸爸，但是希望爸爸能接受自己的行為舉止與穿著打扮，卻遭到爸爸強烈的斥責。

哪有兒女跟父母談條件的？要是真的孝順應該會自動回來。就算我真的覺得孤單又怎麼樣？妳搬出去住的這段日子，我還不是過得很好？妳以為我真的稀罕妳回來嗎？

爸爸

爸爸，我真的很擔心你，也想要多花一點時間陪伴你們。爸爸，我已經讓步了，你能不能也讓一步呢？難道接受真實的我就那麼難嗎？

小敏

就在爸爸充斥著矛盾與孤單的心態下，再度嘗試溝通的小敏又無功而返，父女間又不歡而散。

5、時不我與：我的青春小鳥一去不回來

時間，對許多年長者來說，感受更多的是一種壓力。因為，隨著年齡增長，會更容易感覺到時光的飛逝，很多事情都一閃而過，甚至來不及反應就已經消失，雖然很想趕快將一些事給完成，但是時間上卻是不允許的。

尤其是許多年輕時的夢想，都還沒能完成，若干機會也沒好好把握，但是歲月不饒人，也沒法從頭再來一次，很容易興起一股時不我與的感慨。因為，時間對他們而言，是如此急迫和無情，讓許多年長的朋友產生急迫感，卻又無法改變現狀，時機過了也無法回頭，且他們當時所處

的時代已經過去，而新興時代也不是他們可以輕易掌握，只能興起一股悵然的情緒，進而對很多事情都看不順眼，容易因煩躁而不斷發脾氣，令人無法恭維，也越發不利於溝通。”

小敏爸爸的脾氣越來越暴躁，看什麼都不順眼，老喜歡提起以前生活有多辛苦、以前的年代怎麼怎麼好。特別是小敏大學畢業後，她沒有尋找一份跟本科有關的正職，而是在家經營網購，同時繼續她喜愛的樂團。但傳統的爸爸不能接受這樣的決定，要求她尋找一份與專長相關的正職，否則斷絕關係。

即使小敏不斷說服爸爸讓她圓夢，甚至出動媽媽求情，都無法打動爸爸的決心。導致父女間的關係，惡劣到難以回復。

小敏

我真的只是想在年輕時為自己的夢想努力一次，我怕現在不做，以後老了會後悔。爸爸，拜託你讓我圓夢好嗎？

爸爸

找份正正經經的工作做有什麼不好？難道圓夢就可以養活妳自己？如果失敗了呢？現在的年輕人天天搞抗爭、追求夢想，只知道好逸惡勞，連最基本的謹守本分都做不到。而且行為舉止還男不像男、女不像女，根本亂了套了！

綜合以上論述，可以發現年長者在年齡增長的狀況下，必然多少都會出現上述這些老化的特徵與現象。它一點也不奇怪，更不會造成問題，但是如果出現這些老化現象時，無法坦然面對，並及時調整自己的心態，以寬廣胸懷來面對這些改變，那將會使得年長者越發看不慣年輕朋友的某些表現，或欠缺認知新時代到來所產生的變化。

如此一來將會和社會與時代脫節，無法交心，也不能溝通，形成世代對立，那才是真正的問題所在。

Q4 我們是如何被疾病影響了溝通？

當人們逐漸年長，隨著年齡的增加，身體的使用時間也久了，如同汽機車一樣，需要維修與更換零件。只是，人是有生命的有機體，當生病或身體不舒服時，並非如汽機車只需更換個零件、修理一下就能解決般那麼簡單。

人在疾病纏身時，對於自己和周遭的人都會產生影響，有些疾病即使看病醫治，也未必能馬上解決問題。甚至有些是長期疾病，例如高血壓或糖尿病等，是無法完全根治，必須終身服藥控制，從此這個病痛將和你同生死、共存亡，直到死亡來臨才能解脫。

因此，當年長者疾病纏身時，會對他的身心帶來很大危害，連帶也會影響到周遭和他相處的人。其中，家人及好友是首當其衝，直接影響彼此間溝通的進行。以下筆者將分別從更年期、體能減弱、老年病痛、失智症與情緒障礙等五方面來分析與探討疾病是如何影響溝通。

1、更年期：當荷爾蒙影響了我

更年期，一般係指女性因卵巢功能下降，使得女性荷爾蒙缺乏而出現不適的症狀，也稱絕經期，在此期間女性將逐漸停經，就理論上說，也不會再生育（但也有例外）。而醫學界與網路資訊在針對更年期年齡的區隔上有些許不同，醫學界認為女性從四十歲開始至五十歲為更年期，也有其他資料認為是從四十五歲至五十五歲❶。因此，取其中數大致認定約五十歲上下是屬於女性的更年期。而在進入更年期期間的女性朋友則會發生心悸、臉部潮紅、焦躁或失眠等症狀。

其實，就目前醫學研究報告顯示，男性朋友也會產生更年期現象，年齡大約也在五十歲上下。男性更年期的症狀包括：體力明顯下降、性功能受影響、失眠、脾氣暴躁等，只是沒有女性更年期有停經那麼明顯且容易辨別的症狀。

既然男女雙方都有更年期，那麼上了年紀的朋友，就必須注意並了解這些更年期的症狀，盡早發現並採取因應、調適之道，以免因這些症狀導致行為發生狀況而不自知，甚至影響了與他人的互動及溝通時，那就麻煩了。

”

已經步入五十大關的阿豪父母，對於獨生子阿豪幾乎有求必應，但最近卻很反常，好像看什麼都不順眼，有時莫名其妙發脾氣，對阿豪大呼小叫；有時則是唉聲嘆氣。而阿豪母親的情況更嚴重，不但情緒不穩定，還時常失眠，最後她將這些轉變所產生的負面情緒，一股腦兒的宣

❶ 資料出自《維基百科》，〈更年期〉條目。

洩在阿豪身上。

不知所措的阿豪，只好以課業及社團的事務太忙為由，延長在學校滯留的時間，等到父母就寢後才敢回家，避免與父母接觸。但阿豪的母親一看阿豪連續幾天都半夜才回家，根本見不到面，於是規定阿豪不得有任何理由，每天下午六點下課後就得回家。

阿豪為此與母親溝通，想改變母親的決定，但卻不歡而散。後來他上網求助，才知道原來父母親最近反常的改變都是更年期的症狀。

母親反覆無常的態度，原本我應付得就很吃力了，還把負面情緒都發洩在我身上，雖然能夠理解這是「更年期」帶來的症狀，但是真的是吃不消啊！

阿豪

我也不知道為什麼自己的情緒會那麼反覆不定，嚴重的失眠也一直困擾著我。兒子，你能體諒一下我的心情嗎？

母親

2、體能減弱：有一天，我們不再年輕力壯

人過了中年之後，體力和身體狀況開始走下坡。也許一時之間還未察覺，可是在進行耗費體力的活動或行為時，會開始有力不從心之感。

以往工作忙到深夜都不覺得會怎樣，睡幾小時後，隔天一大早起床仍是一尾活龍。但是，上了年紀以後，再進行忙碌又如此耗費體力的活動或行為，第二天早上起床，就會感到腰酸背痛，一股力不從心之感油然而生。這就是人體隨年齡增長，退化且老化的現象。

此時，如果不加以注意，而像以往一樣逞強、不服老，且不理會他人的建議或意見，就會對溝通產生不良影響。

”

阿豪受到講述花式溜冰選手故事的日本動畫影響，迷上了溜冰，並常與朋友到溜冰場享受溜冰的快感。聽到阿豪經驗分享的爸爸，也興致勃勃地表示想嘗試看看。

因為不再年輕而被拒絕的爸爸，覺得自己被小看了，而堅持要去。在拗不過爸爸的情況下，阿豪只好帶他一起去，沒想到回來卻被爸爸埋怨年輕人都不照顧他這位長者，只顧著自己玩，害他摔得四腳朝天。為此，父子兩人鬧得很不愉快。

就是因為容易摔倒，怕你受傷才不讓你去啊，明明就已經不是年輕力壯的小夥子了。結果不讓你去，你說

阿豪

我們瞧不起你、小看你；讓你去，又說我們都只顧著自己玩，摔倒了都沒有人理你。不覺得很矛盾嗎？

是嫌我老了，體力跟不上了，覺得我很麻煩嗎？我年輕的時候也溜過冰啊，經驗比你們還豐富，為什麼不能去？而且又不是從頭到尾叫你們要跟著我，但是我摔倒了總要有人來關心關心我吧，一個個都自己玩得很愉快，沒人來看我有沒有受傷，真的是有夠不孝！

爸爸

3、老年病痛：疾病一直來敲我的門

人們小有年紀後，很多人都會碰到的現象，就是病痛纏身。中老年人最常見的病痛有高血壓、糖尿病、痛風、關節退化、眼疾或耳疾等。有人甚至多種病痛在身，且這些病痛一旦降臨，甚至會終身跟隨，再也別想擺脫掉。像是高血壓或糖尿病等疾病，就需要終身長期服藥，只要確診，從此就和連續處方箋結下不解之緣。

這些病痛纏身的長者，若不能寬心以待，好好與這些病痛和平相處，調適自己的心情與生活，保持平穩的情緒，將會變成和家人、年輕人間溝通的障礙。尤其是耳疾的患者，由於聽力受損，無法清楚地聽見別人說的話語，於是溝通起來就更顯吃力了。

”

某日，阿豪的媽媽起床發現自己不但心跳快、頭暈還想吐，嚇得馬上去診所做檢查，發現血壓飆高，血糖也不穩定。再進一步到大醫院檢查才確定是高血壓以及糖尿病作祟。醫生叮囑須小心控制飲食，並避免過度勞累。

但媽媽是一刻也閒不得的個性，又喜歡重口味的食物，而且情緒一激動就容易血壓飆高，偏偏又不按時吃藥，阿豪只好不斷的與母親溝通，並表示遵照醫囑她的身體才會健康，但媽媽只認為是醫生誇大病情，仍我行我素。

直到有一天媽媽昏迷送醫，嚇壞的阿豪開始緊盯媽媽的飲食、用藥以及活動量，不料卻造成彼此的關係緊張，溝通也越發困難。

我的身體我自己知道，哪有醫生講的那麼嚴重，之前幾十年我都這樣過得好好的，沒有問題的。你這樣每天緊盯著我這個不能做、那個也不能做，搞得我一點自由都沒有，人生還有什麼意思嘛！

媽媽

「雖然醫囑把你喜歡做的、吃的都限制了，但也不是什麼都不能做，只是要妳控制量而已，稍微約束一下自己。為了自己的身體健康著想，媽媽可以努力照著醫囑試試看嗎？這次妳暈倒，真的是把大家都嚇到了。」

阿豪

4、失智症：我不是故意忘記你

年長的朋友最怕面對的病痛，當屬「失智症（Dementia）」。根據資料顯示，台灣平均每十二位長者，就有一人罹患失智症。並依據台灣失智症協會❷的說明，失智症可分為三種類型：

(1)退化性失智症：大部分患者都是屬於這類型，其中又以下列四者最常見：

①阿茲海默症（Alzheimer's Disease）。

②額顳葉型失智症 (Frontotemporal lobe degeneration)。

③路易士體失智症 (Dementia with Lewy Bodies)。

④其他還有像是杭亭頓氏症 (Huntington's Disease) 等所造成的失智症。

(2)血管性失智症。

(3)其他因素導致的失智症，包括：營養失調、顱內病灶、新陳代謝異常、中樞神經系統感染或中毒等。

了解失智症的來源後，接著再來說說失智症的症狀。

失智症，顧名思義就是患者思考能力與記憶力逐漸退化，最後將失去記憶。也因此導致行為異常，無法正常判斷事物，或對剛看過、做過的事情立即忘記，甚至出門後竟忘了回家的路，可是對久遠的人、事、物反而記得特別清楚。

最終，他將會完全忘了身邊的家人、親朋好友及自己，也完全喪失

---

❷ 詳細內容請至社團法人台灣失智症協會官網查詢。

行為能力。

但最麻煩的是，失智症初期的症狀並不明顯，只是偶爾忘東忘西，或記憶力變差，也沒什麼特別異狀，往往容易忽略，不了解的人會誤以為患者在無理取鬧。當等到症狀變明顯了，也已經無法控制了。所以，照顧的人會特別辛苦，更別談論要與患者溝通了。

因此，對與失智症患者的溝通，必須要有更多愛心與耐心，且要更加地包容與體諒。而這部分對年輕朋友來說，正是他們較欠缺的涵養。短期來說，也許不會是件太難的任務，但長期下去將會讓他們受不了。

由此可見，與失智症患者的溝通難度是非常高的，而它對溝通的影響也是最高等級。

5、情緒障礙：你發現我的情緒失去控制了嗎？

最後一項影響溝通的疾病，就是情緒障礙。情緒障礙包括：焦慮症、憂鬱症及躁鬱症等。其實以上這些情緒，每個人或多或少都會有不同程度的徵狀，只要不過度且在可控制範圍內，就不會有問題。可是一旦過度且失去控制變成症狀，就會有很嚴重後果，且對溝通產生極大影響。

尤其是年長的朋友，由於老化所產生的失去自我、沒有重心、孤獨感及時不我與等感受與心態交互影響之下❸，很容易產生負面情緒。

當這些負面情緒日積月累又沒有出口可宣洩時，將導致年長朋友的內心失去平衡，久而久之就會累積出情緒障礙，不論是憂鬱症、焦慮症或躁鬱症都有可能。一旦如此，想要和他們順利溝通，可就難上加難了。

”

自從阿豪的媽媽確定罹患高血壓與糖尿病後，生活就變了調，處處無法如自己所願，還要被兒子盯著按時服藥、量血壓血糖，生活簡直了無生趣。而阿豪只會用緊迫盯人的方式關心媽媽，不懂得如何體貼與關

❸ 參見Q3的論述。

心，甚至是良好的溝通。

在氣氛如此不愉快下，阿豪發現媽媽的情緒越來越焦慮，總是擔心這個、恐慌那個，甚至對於根本沒有的事情想太多。直到受到媽媽憂慮的情緒影響的阿豪終於受不了了，跑去學校的輔導中心求助，得到了盡快帶媽媽去看身心科門診的建議。

看完門診後才發現，媽媽的情形已達到焦慮症的程度，說明了為什麼媽媽最近如此恐慌、不安，而往後也必須靠服用藥物來控制。

媽媽到底怎麼了？跟更年期時而生氣，時而唉聲嘆氣的狀況不像啊，而是對什麼都抱持著不安和恐懼的情緒，到底是怎麼了？

阿豪

「我覺得我根本就像是犯人一樣，做什麼都沒有自由，還被兒子緊迫盯人。是不是兒子嫌棄我老了，不中用了？如果兒子不要我了怎麼辦？」

媽媽

綜合而論，不論是身體機能的老化還是疾病，對年長者言，都是一項無法迴避，且一定得面對的人生課題。所以，不論是年輕朋友，還是年長者自身，都必須對此課題有深入和徹底的了解，並設法找出彼此之間可行，且恰當的溝通之道，這就是在進階題篇章中，我們所要探究和解決的重點。

進階題

溝通的方式和技巧有哪些？

我們在基礎題篇的四個問題中，分別探討及認識了何謂溝通，深入說明世代溝通的障礙，以及老化與疾病對世代溝通的影響。了解了這些影響後，接下來這些影響就是我們要解決的問題。

因此，以下將分別從與熟年及年輕世代溝通的方式和技巧、溝通不NG的小撇步、年長者自我表達，以及各式問題的溝通法則等四個問題一起討論。

Q5 如何與我／你對話？

年長者因為經驗豐富、資歷較深，通常社會地位又高。因此，想和他們溝通，必須特別講求良好的方式和注重技巧。以Q2中所論有關世代溝通常見的障礙來說，與年長者溝通時比較常遇到的狀況是容易自以為是、堅持己見或倚老賣老。所以，他們比較不會輕易地接受別人提出的意見，尤其是年輕人提出的。想和他們順利溝通，最好的方式與技巧，就是以下將討論到的借力溝通和衝突溝通。

1、借力溝通：難道溝通只能硬碰硬？

和年長的朋友溝通時，最怕遇到硬碰硬或僵持不下的情形。此時，我們可以採取第一種溝通方式和技巧——借力溝通。顧名思義就是要借用不同的人、事、物來進行溝通，而非僅靠自己力量。否則，即使費了好大一番工夫，仍無法有所進展。所以要用智慧的溝通方式來突破溝通困境，往往能有意想不到的效果。

以借重他人來說，假設當你和自己的父親無法溝通時，可請母親或其他特別受父親疼愛的手足來作為溝通橋樑；若不行，則可藉由陪父親做些他喜歡的事，例如父親喜歡釣魚就陪他釣魚、喜歡打籃球就陪他打球或看籃球比賽等。在父親心情愉悅的狀態下溝通就會比較順利；如果以上的方法效果都不好，那就可以借用可愛卡片、書信等物件，甚至是家中的寵物，來協助進行溝通。

”

小津交了女朋友之後花費變大，於是想與父親商量零用錢與生活費是否可以加碼，卻遭到父親斷然拒絕。父親認為交女朋友並不代表需要亂花錢或裝闊，況且平時給的金額已足夠小津的一般開銷，會產生不夠花的情形，都是因為小津沒有養成節儉的習慣，而不是因為交了女朋友的緣故。

眼下急需金援的小津，認為若靠打工等其他管道另闢財源，有點緩不濟急，深怕打工還沒有結束，剛萌芽的戀情就夭折了。但他也知道這個時候不可以強硬地要與父親溝通，而是必須透過其他方法來突破僵局，因此，他決定先嘗試第一種方法——「借人」。小津拜託很疼愛他且對父親具有強烈影響力的母親幫忙與父親溝通，試圖藉重母親的力量達成溝通的目的，但結果居然是母親鎩羽而歸。

於是，他不禁思考是否可以藉助在家裡深受寵愛，且無敵會撒嬌，連父親都招架不住的小妹，幫忙嘗試與父親溝通看看。而小津的妹妹看在哥哥平日很照顧她的份上，也義不容辭地答應了。但沒想到，平日小妹對父親無往不利的撒嬌功夫，這次竟然也無功而返。

小津在無人可藉助的情況下，決定改用另外一種方法——「借事」。因為父親是籃球迷，尤其喜歡看NBA球賽，於是小津特地查了轉播的時間，提早回家陪父親一起觀賞球賽，一來增加父子間的感情，二來比較能敞開心胸地聊天，第三則是看看是否能趁機說服父親同意他的請求。期間，他數度想趁機提出請求，但被父親打斷，就像父親早就看穿他的企圖般，不給他提出的機會。

荷包快乾枯的小津，只好使出最後的招數——「借物」。他趁著父親到外地出差的機會，寫了一封信給父親，將自己的困境與想法真誠地藉由紙筆表達出來，並將信快遞給父親，希望能夠將想法傳遞讓父親知道。

皇天不負苦心人，在經過那麼多次的失敗後，終於打動了父親。回到家的父親同意增加小津的零用錢與生活費，但必須節約花用，而且下不為例。小津心想：「Oh Ya! 終於成功了！」雖然花了很多時間、心力，但只要最終能達成溝通的目的，一切的付出都是值得的。

這就是借力溝通的效果，尤其對年長的朋友來說是比較受用的。

2、衝突溝通：我們也能不打不相識？

由於年長者他們所經歷的事物及年代，和年輕人有世代上的落差，再加上長久累積的觀念已經固定較難改變，如果還特別要求年輕人要能夠尊老敬賢，甚至是喜歡倚老賣老的話，那麼想和年長者溝通的年輕朋友就得特別地留意了。

年長者通常很難輕易地接受年輕人的意見，特別是以目前我國社會現狀來說，年輕人碰到年長者，還未開口溝通就已先卻步，很難以對等的方式來和年長者做溝通。這時，就必須採取另外一種較強烈的溝通方式——衝突溝通。

何謂「衝突溝通」呢？事實上它並不是衝突，而是經由衝突的方式，來達到溝通的效果。要知道和年長的朋友溝通時，他們往往是處於較高的位置，姿態也往往會放得比較高，並對於年輕人會有一種不經世事的刻板印象。所以年輕朋友在前輩或年長者面前，不論是氣勢還是信心都容易矮一截，更遑論以心平氣和及平等對待的方式來溝通，導致雙方溝通容易陷入僵局。此時，若能採取較強烈的方式來衝開僵局，一旦雙方把話吵開了，彼此也就講開了，才能確實解對方想法及意見、真正地進行溝通。

正所謂「不打不相識」，這就是衝突溝通，先透過衝突找出交集，再進一步進行溝通。

綜合上面所講的，我們做一個總結：衝突溝通中的衝突，是指一種手段，是一種比較強烈的溝通方式，而溝通才是它的根本目的。只是在運用這種溝通方式時，要特別留意，因為手段上比較強烈，所以須謹慎運用，除非到萬不得已的地步，不然是越少使用越好。即便在不得已、非運用此方法不足以溝通的情況下，也要能做到「鬥而不破」，一切都是以溝通為前提，掌握好進行的節奏，才能達到溝通的實質效果。

”

雖然小津的爸爸同意增加他的零用金與生活費，但是他還是決定外出打工，畢竟自己賺錢才是長久之計。

順利應徵上超商工讀生後，他發現店長是老闆兼任的。曾創業失敗的他，背水一戰地跟親友借錢，甚至將房子抵押後才湊足加盟金，至今仍背負著貸款與債務，因此他對於工讀生的要求特別高，不容許任何因素讓他再失敗，因為這間店就是他的一切。導致小津抱持著戰戰兢兢的態度，一切都依照店長的指示，生怕惹店長生氣。

在一連幾天努力學習之下，店內事務小津也順利的上手，甚至不比老鳥差。直到某日，一位顧客在店內買了兩個麵包，才踏出店門沒多久，又折回來要求退貨。小津接過麵包後一看，發現其中一個不但已經開封過，還有明顯掉到地上過的痕跡，他猜想大概是這名顧客不想丟掉，又不願平白損失才要退換。小津只好向顧客說明：「已經開封或受損過的食品類商品是不能再退換貨的。」並且只能幫忙退另外一個完好的麵包。但是，顧客堅持兩個麵包都要退換，還指責小津的服務態度不佳，不斷強調「顧客至上！」、「顧客永遠是對的！」，甚至吐口水羞辱小津，擺出十足吃定店員的「奧客」樣。

如此的騷動不但讓店內其他顧客側目不已，也驚動店長出來打圓場。店長表示除了兩個麵包都可以退換外，竟還要小津道歉。感到十分委屈的小津不僅堅持不道歉，並表示要報警處理。店長眼看兩邊僵持不下，只好先讓小津進休息室休息，他自己向顧客賠罪並幫忙處理退貨事宜，才解決這件事。

事後，店長找小津談談，並表示為了這間店能成功地繼續經營下去以及避免再度失敗，顧客是絕對不可以得罪，顧客一定是對的，所以要求小津不管遇到哪種顧客都要無條件忍耐。對於這樣的想法相當不以為然的小津，認為維護店員權益與人格尊嚴才是上上策；對於奧客應該嚴詞拒絕、甚至報警，以正視聽，一味姑息只會讓其他顧客有樣學樣，員工無法安心上班，更不會全心為店裡打拼，到時生意不但不會欣欣向榮還會變得危機重重。

但一想到店長異常地堅持己見，並認為自己經驗豐富不會出錯，那是不是乾脆一切依照他的指示就好？雖說這樣，小津卻又覺得如果不向店長反應，同樣的事情還是會發生，員工都會惶惶不安，對於店裡的未來也沒有幫助，甚至可能面臨倒閉，那一直強調自己不能失敗的店長不就很慘？

一想到這裡，小津便大聲地說：「你這樣一味地姑息不但助長奧客的氣焰、打擊自己店員的尊嚴，更對店裡未來的發展沒有益處，還造成員工心寒、不願盡心盡力工作的負面影響，這樣才是最得不償失的作法！」

這一番話先是讓店長一愣，思考了一會兒以後才發現自己的盲點與錯誤，並感激地對小津說：「謝謝你講的那番話，讓我了解到你們這些年輕店員的想法與感受，也讓我知道以後遇到類似事件應該要以合情、合理、合法的方式處理，在顧客與店員間找到平衡，這才是對本店最好的處理方法。」聽到店長這樣說的小津如釋重負般地鬆了口氣，他很高興不但彼此把話說開了，自己也有所成長，甚至店長也因此改變過去的想法與經營策略，讓超商生意越來越好，呈現雙贏的局面。

“

由此可見，在必要時運用衝突溝通，會產生非常驚人的效果，尤其

在和年長的朋友溝通時，若善加運用，其功效特別顯著。

而再來談到和年輕人溝通，首先必須了解年輕人的特質。對他們來說，是不太願意受傳統觀念束縛，喜歡求新求變，對於新奇事物十分感興趣，不會拘泥或固定於某些作為，對於創新很有自己的想法，所以在定性上也稍嫌不足。

在這種特質之下，想要和他們溝通，就必須採取較不一樣的方式和技巧。以下將介紹給你多元溝通與漢堡溝通兩種方式，來探討其技巧的運用。

3、多元溝通：1+1大於2？

由於年輕人的特質及其不同需求，因此在和年輕朋友溝通時，就不該限定在只採取一種途徑或方法，而是可以採取多元並進的方式，也就是所謂的多元溝通。

多元溝通從字面上解釋就是運用多元方式來進行溝通。這些方式包括：語言、文字、繪畫、音樂、物品、卡片、網路及動漫畫等，以下將一一加以說明。

(1)語言：若論人們在進行溝通時，最常使用到的溝通方式，首推語言。不論是和年長的朋友或年輕人溝通時，都必須使用到語言。雖然，語言也不是唯一的溝通方式，但卻是最常用到的方式。不過，年輕朋友最怕別人嘮叨，尤其是對年長朋友的話，特別容易覺得反感或抗拒。所以，年長朋友和年輕人溝通時，最好還是多使用其他方式，減少單獨使用語言溝通，會比較有效果。

(2)文字：文字是次於語言，第2種比較常使用的溝通方式。當和年輕朋友用語言溝通效果不佳時，便可改用文字的方式來溝通，看看是否能改善溝通效果。

(3)繪畫：利用年輕朋友喜愛的方式，將有利於和他們進行溝通。現代年輕朋友，對圖像非常熱衷和熟悉，再加上繪畫無國界的特性，因此，運用繪畫來和他們溝通，會有較佳效果。

(4)音樂：音樂本身，就是一種最容易打動人的溝通方式，年輕朋友尤其喜愛它。現在你到任何地方，都可見到年輕朋友掛著耳機，透過智慧型手機聽音樂。它本身也是無國界限制，若能運用音樂溝通，對年輕人來說實在非常受用。

(5)物品：現在的年輕人尤其喜愛運用巧克力、花束、玩偶或甚至一顆石頭等物品來溝通。這對他們來說，既實惠有價值，又能達到良好溝通效果，真是何樂而不為呢？

筆者女兒在就讀高中時，他們學校當時的校長，就很懂得運用物品來和學生溝通。每次週會校長講話，為了怕學生嫌煩，不想好好聽講，就會在講完話後，點一些同學來回答與講話內容有關的問題，答對了就發一盒金莎巧克力。從此以後，校長週會講話，所有參加同學都仔細聆聽、搶答，以獲得校長給的巧克力，不但獲得學生敬重與喜愛，更讓所有同學懷念不已，當然也包括我女兒在內，最後該校長也獲得巧克力校長稱號。這位校長運用巧克力，創造出對學生無比有效且神奇的溝通效果。

若干年前，曾上映過一部叫做「送行者——禮儀師的樂章」的日本電影，影片中描述主角（大提琴家）因為樂團解散而失業，在走頭無路之下，帶著妻子回到老家——母親往生後留給他的老房子居住。

為了生活而出去找工作的他，陰錯陽差之下，進了殯葬業成為禮儀師。剛開始他很排斥這份他認為難登大雅之堂的工作，不但不敢讓親朋好友知道外，連妻子也被瞞在鼓裡。但在幾次實際工作體驗後，他慢慢發現服務往生者、讓他們有尊嚴且完美離開人世間的這份工作，是充滿意義也很有尊嚴的，而漸漸接受並喜歡上這份工作。就在一切都上軌道時，他接到了通知他父親往生的電報。對他而言，早已記不清在童年時就離家、不知去向的父親。忽然收到要他去處理父親後事的通知，一時間還真無法接受。

最後還是在他妻子鼓勵與服務的殯葬業老闆的友情贊助下，與妻子一同到通知地點去處理父親的後事。

到了那裡，只見一處簡陋的破倉庫作為停屍處，而滿臉鬍渣的父親也未加收拾而髒亂地躺在地板上。雖對於早已記不得面孔的父親沒什麼強烈的情感，但他那身為禮儀師的職業道德，實不忍看著一具屍體就如此地躺在地板上。於是他拿出工具，開始整理遺體，妻子則在旁邊觀看。當主角整理到一半時，發現遺體的右手中緊握著一樣東西，打開後才發現手中握的是顆異常熟悉的石頭。而此時主角腦海中也浮現小時候和父親一起在河中撿石頭的情景，父親撿了一顆較大的石頭給他——至今仍保留在他的琴盒中，墊著大提琴；他則撿了一顆小石頭給父親。沒想到這顆小石頭一直跟在父親身邊，至死都還握在他手中。此時，記憶中父親的面容也逐漸變得清晰起來，他終於確認這就是他的父親，不禁淚流滿面，並將這顆石頭交給旁邊的妻子。

就靠著這顆小石頭，他總算能和父親再度連結，並徹底溝通。這就是運用物品溝通，所產生的奇妙效果。

(6)卡片：很多時候當我們想和某人溝通，但又不知該如何開口時，或想道歉、傳達思念之情，卻不知該如何表達時，就可運用卡片來進行溝通及傳達。卡片的設計千變萬化，可依需求挑選，或自行製作一張和你想要溝通的主題契合的卡片，寫上溝通內容就可以傳遞給對方，達到溝通目的。

筆者在授課過程中，就常利用卡片和學生溝通，效果特別明顯，也很容易受到感動，輕易就能打動對方。因此，常鼓勵大家有機會時，可以多蒐集一些不同形式與內容的卡片或明信片，以備不時之需。

(7)網路：現在是一個網路當道的時代，尤其是年輕朋友人人必備智慧型手機和電腦。而人手一機的結果，就是可以看到大家隨時隨地都在上網、滑手機。再加上社群網站的發達、多元與便利，不論是Facebook

還是 Line，都是非常便捷且免費的溝通工具，也是現代年輕人最喜歡運用的溝通方式。

因此，年長的朋友若要想和年輕朋友溝通，勢必得先學習如何使用網路以及通訊軟體，當具備這種溝通方式的能力時，才比較容易及有可能與他們順暢溝通。

(8)動畫、漫畫：在現今這個資訊爆炸與快速傳播的時代中，動畫、漫畫趁勢而起。尤其，透過各種視聽媒體及發達的網路，不再受時間及地域上的限制，隨時隨地都可看到各國的動畫、漫畫，其中以日本的動畫、漫畫最發達，不愧其動漫畫王國的封號。

由於許多年輕人都非常喜歡動畫、漫畫，所以若年長者能多了解及涉獵若干動畫、漫畫，找到共通的語言，對於彼此的溝通將會有非常大的助益，也比較容易成功。

總而言之，前面所羅列和闡述的這八項多元溝通方式，雖無法代表所有的方法，但就主要的部分都已有所說明。而重要的是必須善加及靈活運用，並隨時依當時需要做調整。其中有些方式是新興時代中才有的，更需要年長的朋友以愛和開放的態度主動學習，才有可能和年輕朋友無礙溝通。

4、漢堡溝通：我們都喜歡「順耳」忠言

很多朋友在乍看到「漢堡溝通」這個名詞時，會感到一頭霧水，接著都會想問：「這是一種什麼樣的溝通模式？」等聽到解釋後，又都恍然大悟：「原來是這麼回事啊！」其實，它的內涵十分簡單，就是借用非常流行的西方速食——「漢堡」的概念而來。

講到「漢堡」，想必絕大部分人都享用過這道西式速食餐點。雖然不過是用兩片麵包，將一些蔬菜、起士和牛肉餅夾在其中，然後淋上醬汁，包起來送到客人手上，但看起來既美觀又讓人食指大動，更重要的是方便入口。即使不喜歡吃蔬菜的小朋友，也毫不在意地一大口、一大口，

將夾在其中的蔬菜給吃下肚。

溝通也是如此，它也需要一些包裝。特別是當某些話對方聽不進去或不願意聽時，就得運用巧思，將想表達的話經過修飾、包裝後，婉轉告知對方，就會如同漢堡般容易入口。

好比我們常聽到的一句話——忠言逆耳。通常所謂「忠言」，往往都是別人不愛聽的話，才會稱之為「忠言」。但如果「忠言」都是他人不愛聽的話，那講了也是白講，因為根本無法發揮出溝通效果。這時就必須將「忠言」，運用漢堡溝通來包裝，使它由「逆耳」變成「順耳」，才能讓對方聽進去。

年長的朋友在和年輕朋友溝通時，最常講的話大都是「逆耳」忠言。年輕人往往聽不進去，甚至嫌棄年長者嘮叨，抱怨年長者只會講些陳年舊調。此時，就得善加利用漢堡溝通，讓忠言變得「順耳」，使他們能接受、能聽得進去，才能發揮出溝通效果。

阿康在一間知名餐廳打工，餐廳老闆在年輕當學徒時，吃盡了苦頭才練就一身出類拔萃的廚藝。成為大廚之後也努力打拼並省吃儉用幾十年才開了間屬於自己的餐廳，圓了自己的夢想。

因為這些經驗的累積，所以老闆認為工讀生就是應該要勤快、耐操，而且還要擁有勤奮學習的特質，如此才能像他一樣，有朝一日出人頭地。並衷心地認為對工讀生嚴格，就是為他們的未來著想。

但老闆的「忠言」聽在年輕工讀生的耳裡實在很「刺耳」，他們認為自己不過就是來打工，賺份額外的收入，又不是正職或者在做多大的事業，為何要如此辛苦操勞，只要不出狀況、能完成任務不就好了嗎？尤其是阿康，表現得特別明顯。

直到某日，阿康雖然已經以最快的速度處理顧客打翻菜餚的突發狀況，但老闆仍舊不滿意，還在事後說教了一番。讓阿康不禁覺得自己很委屈，明明已經用最快的速度在處理，老闆不但不滿意，還一直說教。情緒累積到極點的阿康，就忍不住狠狠地頂撞了老闆，兩個人因此不歡而散。

其實餐廳老闆也很苦惱，因為他本身過於強勢的態度以及說教式的溝通方式，讓這群年輕工讀生不但無法接受，彼此間的關係還越來越緊張，讓老闆不知如何是好。幸好，在進修管理課程的他，某天剛好上到了如何有效地與員工溝通的課程，其中也談到「漢堡溝通」這個方法，當下就覺得這應該是個可以改變他與員工之間溝通的契機。

於是他開始嘗試改變過去說教式的溝通，先用「讚美」作為包裝，再指出需要修正的地方，修正之後再給予實質的鼓勵——加薪。如此雙管齊下，餐廳老闆很快地就收到效果，與年輕員工間的溝通也順暢無比。

整體而言，其實年長的朋友都是為年輕朋友們著想，希望他們變得更好，當然也是以愛為出發點。但為何和他們溝通常會出現狀況？那就需要思考是不是可以換個溝通方式來達到溝通的目的。在此建議可以善加運用多元溝通以及漢堡溝通，才能「有愛無礙」，充分地化解年長朋友和年輕朋友間的溝通阻礙。

Q6 溝通不 NG，給你 5 個小撇步

人世間的事情，本來就沒有完全的對錯可言。而其中的差異及衝突，其實是因個別認知與意見的不同所產生。每個人都有屬於自己的看法，這無關對錯，只是如果對他人的意見全然無法接受或認同，就很難產生交集，也就容易讓溝通 NG 了。

所以，接下來就要探討並且分別闡述如何讓溝通不 NG 的五個小撇步，包括：包容、同理、認同、尊重與接納。

1、包容：外面的風景其實很不一樣

溝通要想順利進行不 NG，首要之務就在於是否能包容。關於包容的作為及態度，說起來容易，但要真正做到卻很難，因為大家多僅是口

頭說說而已，除非是能從內心真正培養出包容的胸襟和修養，否則一般人還是比較容易以自我為中心。同時，必須是雙方都要有此認知才行，決不能只是單方面的要求他方包容，而自己卻一點也不退讓，那將導致對方不願再包容，甚至態度會更為強硬，如此一來反而更難與對方溝通。

尤其是年長的朋友們因在年齡增長中所累積的豐富經歷，總主觀地認為自己的意見或看法比別人成熟，比起年輕朋友們更可靠和清楚。在如此前提下想做到包容，又談何容易？而且，一旦發生不同看法和意見時，總希望別人能包容或順從自己的意見，反而不肯輕易去包容他人意見，難免會呈現僵持狀態，甚至會發生衝突，想讓溝通不 NG 都很難。

所以，要在溝通時包容，應從自己先開始。先透過自我以誠懇的態度去包容他人，他人才會願意包容你，而溝通才有進行的可能。當然，包容也得適度，過度的包容會讓對方或自己失去平衡。而沒有對等且平衡的包容，溝通依然會 NG。

”

身為獨生女的小珍，是備受家中長輩寵愛的掌上明珠，一直都是大家順從、包容她，從未被拒絕過任何事情，也不知相處是需要相互包容的，所以養成她嬌縱、不知天高地厚的個性。即使上了大學，在外獨自居住後，依舊我行我素，完全不理會他人的想法。

某日，房東通知所有房客，因為電表裝置容量有限，避免電表負荷過重、頻繁跳電，希望大家彼此體諒與包容，隨手關閉用不到的電器或開關，特別是電腦這種耗電量大的電器，一方面節約能源，另一方面也是節省荷包。

對於房東的宣布以及強調，從未養成節省觀念與習慣的小珍無法接受，她認為：「天啊！怎麼有那麼無理的要求，竟然把自己應該要解決的電表問題，反過來要求房客減少用電！」並認為不常用電腦的房東無法理解，對於年輕人而言一直開關電腦是件多麼不方便及嚴重的事情，根本沒有替她多想想。因此，不但向房東表示抗議、完全不願意配合外，更堅持照原有習慣用電——全天候開燈與開電腦。

在房東無論怎麼跟她溝通都無果的情況下，只好下最後通牒，若是小珍無法配合與包容，只好提前解約並請她立刻搬走。此時，小珍才突然發現：「事態什麼時候變得那麼嚴重了？」

2、同理：我們因為交集而產生了話題

同理心，是在溝通中最常聽到和運用的技巧之一。很多時候我們會發現，和別人互動及溝通的過程中，同理心是多麼重要的因素。懂得同理才能為別人著想，並且找出共通點，才會有交集，否則雙方的意見或想法將永遠都是南轅北轍，你說你的，我講我的，彼此聽不懂對方的話，

更遑論是要談交流和溝通。

但是如何才能擁有同理心？說起來容易，實際做起來卻是難上加難。尤其是當自己和他人沒有相同的經驗時，要想做到同理，就如同隔靴搔癢般，搔不到癢處，也只是表面說說而已。

好比沒生產過的先生，就無法理解太太生產的痛苦，才會質疑為什麼太太不願意生小孩？而沒有失戀過的人，也無法理解為什麼失戀會令人那麼痛苦？甚至都不想活了。失戀，真有那麼嚴重嗎？

筆者在很長一段時間的教學過程中，每每看到年輕學子人手一支智慧型手機，總低頭滑手機或打遊戲時，都會感到疑惑：「真有這麼好玩嗎？」、「值得付出那麼多時間和精力嗎？」尤其是對於晚上熬夜玩遊戲，導致隔天早上起不了床、上課遲到、打瞌睡甚至曠課的這種行為模式，實在無法苟同。

為此，曾與學生們溝通了許久，每次詢問他們如此沉迷於遊戲中的原因，他們都回答：「啊！老師你不懂啦，我們沒有共通語言。說了你也不會懂，除非你自己也進去玩了之後，才能明白。」經過這些年的刺激，我也一直在尋找一個機會嘗試玩看看，以真正走入他們的世界，理解他們的心情，和他們溝通不 NG。

二〇一六年，日本任天堂公司率先在歐美國家推出一款手機遊戲——Pokémon Go❶，當時引爆非常大的熱潮。接著同年八月也在台灣上架，果不其然引起一陣轟動，男女老幼，大家一窩蜂地加入抓寶行列。

有人分析這款遊戲之所以造成那麼大的轟動，一方面是因為它是與許多人兒時回憶——神奇寶貝動畫做結合；另一方面則是結合了最新的 AR 科技，使玩家必須到戶外走動才能抓寶，因此成為一款適合各年齡層玩的遊戲。

此時，筆者正值撰寫本書的過程，想到之前對於年輕朋友沉迷於遊戲不理解，而碰巧正在撰寫與年輕世代間溝通的文章，於是想到何不親身體驗一下，一方面可以增加這方面認知，獲取撰寫文章的素材；二方面可以嘗試理解年輕朋友的感受、想法，真正地去同理他們；三方面則是這款遊戲也很適合年長的朋友玩，尤其是必須出外抓寶、行走孵蛋，不但能增加運動量與活力，更可促進經濟效益。

八月六日，筆者正式下載該遊戲軟體，加入抓寶行列。但在看到新聞報導中很多玩家無日無夜地抓寶，甚至只要有稀有神奇寶貝出沒的地點，就會湧現如難民潮般的玩家，例如台北市的北投公園。不但影響交通、製造環境髒亂，更干擾了周邊住戶的安寧，甚至玩家只顧抓寶而忽略自身安全等消息層出不窮，讓筆者一再警惕自己，這些都是必須注意的事項。

❶ Pokémon Go 是一款由美國 NIANTIC 公司和日本任天堂共同合作的手機遊戲，結合 AR 技術（擴增實境），讓玩家必須到戶外走動，在真實情境中捕獲神奇寶貝。

因此，筆者在玩該款遊戲時，給自己訂了基本守則：

(1)不隨人潮去熱門區抓寶。

(2)隨時注意自身安全。

(3)每天正常作息及活動，僅利用空檔進行。

(4)每日晚間九時關閉遊戲。

(5)決不花錢去買任何遊戲中的設備或道具。

如此進行一段時間後，也慢慢地發現其中的樂趣。目前已經玩了三個月，升至二十七級，經驗值超過一百二十五萬XP，一共打開了一百二十六種寶貝圖鑑，更抓了約四千隻神奇寶貝。

剛開始內人對於我玩此遊戲不以為然，後來經過說明是為了獲取寫書的素材而嘗試看看，並保證會自我節制，才得到支持。但後來內人就不太高興地說：「怎麼還在玩？不是說只是嘗試看看嗎？」一時間還真不知該如何回答。同時，升起了一種「因為沒有共同語言，說了妳也不會懂！」的想法，也才體會到學生玩手機遊戲，被師長質疑時這種「同理」的心情。

由此可見，同理是多麼需要以真正的經驗為基礎，才有可能做到的事情，因此，大家需要經歷多一些的事物，累積出較多經驗，才有可能真正地同理對方。這對熟年世代及年輕世代來說，都是必須加緊修練的功課。

3、認同：一定有一個長處，是你所欣賞的

世代間的認同，對溝通來說也是不 NG 很重要的因素。在年輕世代和熟年世代間，由於生長環境及所處時代的落差，很容易造成看不慣對方行為舉止的狀況。

年輕的一代認為年長者憑藉自己經驗豐富，職務身分較高，把持著機會和職位不放，導致年輕世代產生相對剝奪感，認為工作與賺錢機會都被年長者給霸佔了；相反地，年長者則看不慣年輕世代的某些作為，

認為一代不如一代，不放心將國家、社會的未來交到他們手上。如此相互不認同的情況下，想要溝通不 NG 都很難。

其實世代之間沒有絕對的好與壞，每一個世代都有屬於他們的特質和長處，只要能認同對方，自然可以找出彼此相投之處。好比年長朋友們的特質是吃苦耐勞、謹守本分、穩定可靠及堅持信念；而年輕朋友們則是求新求變、創意無限、不願受限和隨心所欲等。兩個世代都有其值得欣賞與認同之處，只要能從這些方面去彼此互動與溝通，自然可以避免溝通 NG 的狀況發生。

”

雖然小珍有著嬌縱、無法吃苦耐勞，以及不懂得體諒與包容的缺點，但其實小珍是個熱情並富有創意的孩子，對於 3C 產品的操作能力也非常強。

但在這個什麼都需要透過電腦來處理事情的時代裡，對於電腦操作極度不熟悉的房東其實感到非常苦惱，因為常常上演為了打幾個字就得耗上半天時間的情況。好巧不巧，某天國稅局通知房東，請他上網更正報稅資料，讓因為節儉而不想被罰款卻又不知如何下手的房東，只能苦著臉看著電腦，結果被下課回來的小珍看到了。

小珍憑藉著一顆熱情的心，上前詢問房東發生什麼事。房東很不好意思地說出自己的窘境，並唉聲嘆氣地表示不知道該怎麼辦。只見小珍輕鬆一笑地說：「小 case！別擔心，只要您把正確的資料給我，我馬上幫您搞定！」房東一聽馬上把資料給小珍，小珍也在彈指間就把讓房東困惱不已的事情給處理完畢。

這件事不但讓房東對小珍刮目相看，更看到小珍的優點、長處，並給予認同。彼此的溝通在有了交集之後，也就減少 NG 的機率了！

“

4、尊重：推己及人，其實一點都不難

不論是不同世代間，還是人與人之間，其實尊重是最基本的態度及要求。一般人都覺得尊重他人有什麼困難，可是大部分人都是自以為已經尊重他人，但其實未必能真正做到。

尤其是在年長者與年輕人之間，彼此互相尊重的心與態度，對雙方溝通絕對會有十分重大的影響。所以更要知道，尊重和真正實際做到兩者之間其實有蠻大落差。

年長的朋友總以為自己是長輩，年輕人應該加以尊重才對。可是他們必須了解到這個時代真的不同了，其中的改變已非自己所能掌握。以前所謂「敬老尊賢」是理所當然，但在今日看來則並非如此，而是更強調「想獲得他人尊重之前，你應該要先尊重他人」。因為在尊重上，彼此是平等的，並不存在世代差距或輩分的差別。所以，年長者若希望年輕人能多尊重自己，做到「敬老尊賢」，就需要先去實質上做到尊重年輕

人，而不只是口頭上說說而已，他們才會心甘情願地尊重你。如此雙方平等尊重，才會讓溝通不 NG。

”

自從小珍幫房東解決報稅問題後，因為得到房東的認可，所以兩人溝通 NG 的次數就減低不少。但最近雙方卻又再度起了爭執。

小珍租屋處的房客都是單身女子，為了安全起見，房東都特別留意進出人員，對於陌生人或非房客都採取盡量禁止進入的作法。

但有天房東發現小珍的房中傳出陌生人的聲音，敲門又沒有反應，情急之下立刻拿了鑰匙開了小珍的房門。卻發現小珍和一位陌生男子衣衫不整的在房間內，當下房東基於保護小珍的理由，請陌生男子立刻離開，否則要報警處理。這時才反應過來的小珍，趕緊地向房東解釋這是她男朋友，因為今天特地從外地來看她，才讓他進屋相聚。

同時，小珍也很不滿房東為什麼沒有經過她同意就自行開門，她實在無法接受這種太不尊重房客隱私的行為，於是當場就和房東吵了起來。

其實，如果小珍在男朋友要進屋前，基於尊重房東，先告知這件事，並獲得房東同意，就不會有如此難堪的情形；而房東在發現此事時，也不該未經他人同意，就急切開門闖入，這是非常不尊重他人隱私的作為，絕不可取。因此，就這次事情而言，他們雙方其實沒有所謂對錯，而是若在事發前能多尊重對方，以尊重的態度多為對方想想再去做，就不會發生如此溝通 NG 的事件了。

5、接納：不一樣，其實是種特色

溝通不 NG 的第五個撇步就在於接納，在接納對方的優點與長處的同時，也要接納對方的缺點及短處，尤其要接納對方和自己不一樣的地方。

以年長者和年輕人來說，由於所處的世代不同，雙方的差異自然明顯。尤以年長的朋友在看年輕朋友時，總覺得有所礙眼，怎麼看都無法苟同，更別說接納；而年輕朋友則覺得，年長的朋友和他們不屬於同一個世代，是另一世界的人，很難找到可以接納的共通點。以致雙方都覺得對方無可欣賞和接納之處，所看到的都是看不順眼的差別。

其實接納之所以難，不是難在接納共同處、優點或長處，而是難在於能接納不同處、缺失及短處。這在青、銀兩世代中，更是明顯並且必須突破與做到之處，否則溝通仍容易處於 NG 狀態。

”

原本，小珍在和房東歷經數次溝通及相互磨合後，雙方應該是可以順利進行互動，讓關係漸入佳境，而她也不必隨時可能面臨需要搬家的情況。畢竟到新租屋處還得和新房東再磨合，想到都覺得累人。

但沒想到還是出了狀況，因為房東始終對小珍的生活習慣有意見、都看不順眼，一方面覺得她太浪費食物，只要吃不下就通通丟掉；髒衣服都堆在那裡也不洗，一定要等到沒衣服穿時，再從髒衣服堆中撿不太髒的衣服來穿。雖然總是打扮得光鮮亮麗，但從不整理她那凌亂的房間。

就房東來說，他把這些租屋學生都當成自己兒女般的照顧，但他對這位千金小姐的作為，實在是無法接納和恭維；而小珍則覺得這位房東也太囉嗦了，不過是房東與房客的關係，又不是你女兒，管那麼多是要幹嘛？只要房客沒遲交房租，大家就兩不相欠。至於我怎麼生活，有需要你管那麼多嗎？

“

於是為了這些瑣事，兩人常起磨擦，弄得彼此都很心煩，溝通 NG 的戲碼再度上演。

其實，如果房東能敞開心胸，多欣賞小珍的活潑熱情，以及她也很熱心助人，包括幫房東解決電腦操作問題，等接納之後再去溝通就容易多了，也不至於 NG。而小珍如果能認同房東的一番苦心，雖然他自己沒有兒女，但把她們這些房客學生，都當成自己兒女般的照顧，這也是很難得的好房東，就不至於如此無法和房東相處，溝通起來也一定會順利不少。

如此一路發展下來，就可以理解，溝通不 NG 的這五個小撇步，必須從認真體會開始，並切身去做到，才能真正發揮出效果，尤其以青、銀兩世代間的溝通為然。

Q7 給熟年世代自我表達的小建議

熟年世代在歷經生活與工作的磨練後，按理說在表達能力上，應該不會有任何問題才對，何必專門來討論這個問題呢？可是目前熟年的朋友們都是生長在相對保守與單純的年代，比較不具備個人色彩與自我特質。因此，他們表達事情的能力並沒有問題，但是當要他們自我表達就會有狀況，因為這兩者之間存在著明顯的差別。所以還是必須經由說明和闡述，讓他們敢嘗試去勇於面對自我。

以下將分別從不介意、不害羞、不隱藏及說出來等四個方面，來加以探討。

1、不介意：別人怎麼看，真的沒那麼重要

對於許多年長的朋友來說，要他們表達出自己內心的情感、感受、心裡話或內在世界，會令他們一方面覺得很難啟齒，二方面感到很不習慣，三方面則是非常害怕及介意他人的眼光、看法與批評。

所以，要能順利自我表達的第一道關卡，就在於不介意。

不介意他人的看法、眼光、取笑、批評、不以為然或不認同等。其實許許多多外在的意見或想法，年長的朋友們是不必太在意的，反而應該是要在自我堅持、如何實踐自我以及活出自我之間找出平衡點。別人的意見充其量只能作為參考而已，重要的是你如何看待自己。

年長朋友過去多半在為他人而活，為子女家人而活，不過從此刻開始，應該要為自己而活。盡力擺脫他人加諸於自己身上的枷鎖，一切外在的意見都不是那麼的需要在意，而是要以自己的想法為依歸，勇於表達自我。

而如今年輕人都已能習慣，並完全放開做自己，反倒是年長者不知該如何面對自我？因此，現在該是年長者要懂得如何表達自我的時候，務必要先以不介意他人的看法為開端，方能勇於表達出自我。

”

一九六〇年代的台灣正處於經濟起飛的時候，加工出口區成為經濟發展與對外貿易的重心，而主修電子工程的老何，大學畢業後就在加工出口區內的一間電子公司工作。自然而然，他也娶了同公司的女作業員為妻，並貸款買了房子，總算是成家立業。

婚後陸續生了三名子女，雖說一切圓滿，但以當時的薪資水準要扶養一家五口，已屬勉強，再加上妻子為了照顧小孩而無法上班、房貸的壓力等，整個家庭經濟重擔都在老何身上。於是，老何為了支撐家計，全力地打拼、加班，希望在工作上有優越的表現外，也可以賺取加班費。

此時的老何，重心全部放在工作與家庭上，完全沒有想到自己，更沒想到如何為自己而活。

數十年的時間裡，公司的規模在員工齊心打拼下日益壯大，除了趕上了政府產業結構升級政策，轉移到新竹科學園區發展半導體代工外，也成為一間上市公司。而一路跟隨著公司發展、奉獻全部心力的老何，也在自己努力與公司栽培下，從助理工程師一路升遷至部門經理。

當時序進入二十一世紀，老何也成為熟年世代的一員，工作不但順利，孩子也長大，身上的負擔都一一減輕，於是老何也開始準備退休後的生活。但此時的他卻突然感到十分的失落與空虛，因為現在這個時代的大家開始注重自我存在的價值，時時地表達自我與充分展現自己，並且凡事以自我為優先，自己的需求滿足了才會想到其他的，完全沒有什麼為工作、家庭犧牲自我，成全全體利益的想法。

而老何生長的年代，強調敬老尊賢、長輩為大，以及年輕人有耳無嘴，年輕人以年長者馬首是瞻，沒有表達意見的權利與自由，與現在這個時代完全相反。現在的年輕人很有主見，並且時時會展現出自己的重要性，表達自我需求與見解，完全不在乎他人的目光、看法，也不在意他人的批評與質疑，一切都以自己能活得自在快樂為主，當然更是不理會年長者或長輩的意見與看法。

如此，老何總覺得自己與這個時代格格不入，特別是和年輕人待在一起的時候，觀念的反差對他的打擊特別大。他無法做到，也無法融入這群年輕人，因此備感空虛，總覺得自己就要被這個時代給淘汰了。

有鑑於此，他開始設法改變，畢竟目前他無論是在家中或者職場上，周遭環繞的、接觸的都是年輕人，因此特別希望自己能融入他們，和他們好好相處與互動。但理想總是美好，碰到實際行動與面對時，許多問題與阻礙就突然冒了出來。首先面臨的就是老何太放不開，太介意著別人的目光與批評，太矜持著自己的身分、地位、輩分，這些因素導致他無法突破障礙，真正地做到自我表達。

因此，如何讓自己不再介意這些無謂的外在因素，是他必須加緊修練的首要課題。

"

2、不害羞：放輕鬆，他人的目光並不會吃人

害羞是人之常情，沒有人是天生不害羞的。尤其是受儒家思想影響的華人，比起西方人來說，更矜持、更謹守所謂禮教，以致更保守、更容易害羞。西方人因為觀念比較開放，沒有那麼多禮教的束縛，比較華人來說也沒那麼害羞。

而台灣的年長者，也是成長在過去那個嚴肅專一，重視倫理、輩分和禮教的時代，但身處在這個多元且開放的時代，要他們在眾目睽睽之下，分享自己的經驗、想法或心中感受，總令他們覺得格格不入，一種

沒來由的害羞感油然產生。其實在多年的職場奮鬥和生活經歷中，什麼大風大浪、嚴重或困難的事情沒經歷過。哪怕是帶著同仁衝鋒陷陣，甚至是在眾多的員工面前聲嘶力竭地說明，也沒在怕的。但，為什麼在表達自己或有所分享的時候，卻莫名地害羞起來了呢？真不知道是怎麼一回事。

這就是年長者在自我表達上，必須突破的第二道難關。因為，過去他們沒機會，也沒必要去表達自己，更不曾如此將自己毫無保留地攤在他人面前。過去總覺得這是屬於自己私密或內心世界，不必向別人表達或讓他人知悉，只要默默藏在自己心中即可。可現在要他們在眾人面前剖析自己，講出自己的需求、心中話或心內意見，便有所猶疑、不習慣也很害羞。

當日子久了，不但孤獨感油然而生，也會逐漸和他人疏離。尤其，在現今這個開放並強調自我表達、分享的時代裡，和這些年輕朋友共事及相處時，更容易產生一種時不我與的感慨。

”

目前擔任生產部門經理的老何，下屬多為年輕一代的科技人。當前科技或企業界尤其講求團隊工作，每一個計畫或重要工作，都會分由各個不同小組來負責。他因為擔任經理，除了負責指導，還要主持一個產能創新小組。這個小組必須想辦法，讓公司產能透過創新作法，不但使產品銷售量大幅增長，同時也要提升產品良率。因為這是一個很重要的工作，所以對該部門的年度績效有著極重要的影響。因此，老何很希望能盡快地將小組的工作績效提升起來，可是卻發現有個小問題，就是小組中這些成員都是各部門、各單位的精英份子，各有各的本領且創意不斷，但誰也不服誰，大家都抱持著個人主義及單打獨鬥的想法，對整體戰力的提升幫助實在不大。為解決此難題，他打算召集組員開會做精神動員，並在會後去聚餐，連絡一下情感和凝聚小組向心力，希望藉此融合大家的意見，形成小組共識，以充分發揮團隊力量，一舉提升小組戰力與績效。

會議中，他讓大家盡量發言，並提出個人意見，再討論整合成小組共識及決議；會議結束後，他帶小組成員們去聚餐。

在酒酣耳熱之際，成員們都趁此機會勇於表達自己內心想法，相互分享交流，一方面可了解彼此狀況，二方面可增進彼此情感，三方面則可凝聚全組向心力。

但當輪到老何發表時，他卻突然不知道該如何表達自我內心的想法了。一陣害羞感迎面而來，即使在心中已經預先排練過很多遍，卻仍無法在這群年輕部屬前表達自己真正的心意，經過一番掙扎後，他還是放棄了。

然而，沒能適時地表達自己，讓老何不但失去下屬的向心力，也讓原本預期的目的與成效大打折扣，實在甚為可惜。事後老何感到特別懊惱，並認知到自己真的要想辦法克服害羞的心理，勇於在這些年輕部屬面前表達自我內心真正的意見及看法，才可能得到他們的尊敬並融入他們，也才有機會讓小組工作績效全面提升。

“

3、不隱藏：一層一層地剝開你的心

年長的朋友們，因為在過去的時代中成長與經歷，養成了一種什麼事都悄悄地藏在心中的習慣，很害怕讓他人知道，更別提分享。有時候，甚至連最親密的家人，也無從得知那些隱藏在心中的秘密。相較於這個時代強調的實踐自我，與他人多溝通，表達自己的內心世界有很大不同。而對時下年輕人來說，更是無法理解。這也是他們在自我表達上，必須突破的第三道重要關卡。

對許多年長者而言，見到前面的論述，心中也許會感到疑惑，「難道我心中不能藏有秘密嗎？」、「為什麼所有事情都要告訴別人呢？」其實不要誤會了，自我表達並非不讓人保有一些屬於自己的秘密，並且它和自我表達也不衝突，目的純粹只是想請年長者，不要什麼事都悶在心中，除了保留少數不願告知他人的所謂「個人秘密」之外，還是有很多內心的事情可以和他人分享。否則，什麼事都悶在心裡面，別人不但無從得知你在想什麼，更不知該如何與你互動。尤其是和年輕朋友的關係，將會變得很緊張。更怕到時悶出了病來，他人也無能為力。

所以，適度將隱藏在心中的事情或想法表達出來，對年長的朋友們而言，也是一種必須的作為。如此才可以溝通無礙，促進和別人相處的關係，也可以充分保持身心平衡，避免罹患一些老年病症，這些都是十分需要年長朋友們努力去做，並加以突破之處。

”

以老何來說，從年輕到邁入中老年的過程中，一直都習慣將所有心事、想法或意見藏在心中，不願意告知他人，甚至也不願和家人分享。

老何的長子出國讀書，次女在外地工作，並自行租屋居住，只剩下他太太和小女兒在家。由於小女兒是家中老么，自小就最得老何疼愛，一直以來更是他的精神支柱，因此只要能讓小女兒高興，他什麼事都會為她做。老何一般下班的時間都很晚，通常他回到家第一件事，就是到小女兒房間，和她說說話、道聲晚安，然後才回房洗漱就寢。

今日，老何依照往常一樣的時間回家，依舊先是到小女兒房間，想跟小女兒說說話。可是，當打開小女兒的房門，往裡一望後，立刻臉色大變，除了將房門用力甩上，還臭著一張臉，完全不理會從房間衝出來，一路叫喚老爸的小女兒，頭也不回地走回自己房間，大力將門關上，把小女兒關在門外，也不理會她。站在門外的小女兒，頓時愣在那不知所措，心想：「老爸今天是怎麼了？」今天都還沒來得及說上話，不知自己哪裡惹他生氣了。問在客廳看電視的媽媽，她也不知道老爸怎麼了，只好等明天再問清楚老爸是怎麼了！

但一連數日，老何都不理會小女兒，也不說發生了什麼事，就只是每天氣呼呼地不理人，結果自己的血壓飆高，身體十分不舒服，趕緊看醫生拿藥服用，把全家人都嚇壞了。這讓小女兒坐立難安，不明白到底是怎麼一回事。最後不得已，只好請在外工作的大姐出馬，在大姐旁敲側擊之下，終於搞懂老爸在生什麼氣，不過就是小女兒竟在未先告知，也未獲得老爸同意前，就自行決定去染了頭髮。這對老何來說，真是太不應該，也太不孝了。家人在得知老何生氣的理由後，全都笑成一團。認為就這麼一件小事，何必藏在心中這麼久，還把自己身體都氣壞了，真是划不來。

“

其實當時只要老何將不滿表達出來，或是指責小女兒一頓，不就什麼事都沒了。如此隱瞞的結果，不但搞得全家雞犬不寧，還讓自己也悶出病來，更傷害了和小女兒的感情，實在是得不償失。

4、說出來：表達的最後一步，不做嗎？

年長者自我表達的最後一道難關，就在於「說出來」。不論之前所探討的「不介意」、「不害羞」及「不隱藏」等，這些難關或關卡有多困難，最後都還是會來到這一關。

當以上這些難關都已克服，條件也都已具備，最後就在於開口說出來而已。但只要沒有破除最後一關「說出來」，那麼前面一切努力都是枉然，所有付出的心血也將付諸流水。

那麼如何才能順利說出來？這裡面牽涉到要不介意他人眼光、意見或批評，要能不害羞，勇敢表達自己內心所想和意見，更重要是不可隱藏，該表達一定要表達出來，別埋藏在心中悶出病來。其實要說出來並不難，較困難的是第一次開口，只要有了開始，接著就會有第二次、第三次，之後就會習慣成自然，再也不難了。

年長的朋友們之所以較年輕人更難開口，除了跟生長環境與出生年代有關外，其中真正的阻礙，是他們沒有開口的習慣。他們所受的教育都是要他們沉默是金、少開口多聽講，並且告訴他們這是一種美德。導致年長朋友自然而然就不開口了，久而久之成為一種習慣，也就更難再開口了。因此，應該要從現在開始嘗試，或先用強迫自己的方式開口表達，克服第一次的困難，突破害羞、介意及隱藏的難關，有了第一次的嘗試，接下來就容易多了。所以，開口吧！開口吧！表達真的沒有想像中那麼困難，年長者的自我表達，就從此時此刻開始，絕不能再等待。

自從發生老何生悶氣將自己氣病的事情後，老何與小女兒的關係十分僵硬，小女兒不和老爸聊天了，甚至開始避免與他相處，更別說如同以前每天晚上談心及互道晚安。這成為老何心中的痛，因為小女兒是他最疼愛的寶貝，也是他精神上的支柱和工作的動力來源。不管平日工作多煩忙與疲憊，只要回到家看到小女兒的笑臉，一切辛苦都變得值得，所有疲勞與不快都會煙消雲散。可現在一切都不一樣了，老何再也看不到小女兒的笑臉，也無法獲得任何支持。他雖然也很想向小女兒道歉，但身為父親及長輩的矜持，以及他本身害羞、介意別人是否會取笑等因素，導致老何裹足不前而苦惱不已。

還好小女兒生日即將到來，他想這是一次絕佳的好機會，一定要趁此機會讓小女兒原諒他，雙方恢復原本的父女關係。於是，在他為小女兒精心準備的生日聚餐中，當著全家成員的面，將他這些日子努力克服害羞、介意他人取笑與無法開口難關的成果給展現出來，向小女兒開口說抱歉，並希望獲得她的原諒。

當老何開口說這些話時，雖然仍說得結結巴巴、臉紅脖子粗地，但總算是完整地將想法表達出來，並獲得小女兒回應，無比高興地原諒老爸的不是，讓這對父女破冰，盡釋前嫌，達到自我表達及「開口說」的最大功效。

“

至此當可明白，年長朋友想要順利無礙的自我表達，除了要想辦法克服這些難關外，更要發揮「關關難過關關過」的氣魄和精神，自然可以水到渠成，一切表達障礙自然也不成問題了。

Q8 解決各式問題的通用法則

本篇最後的 Q 要討論的是，面對各式問題的溝通法則。在此實無法一一列出所有的問題，因為可能性實在太多，且每個人的問題都不致相同，無法一一回答。

所以，在此只能將所有問題都適用的共通法則拿出來探討。這些法則包括：善解人意、察言觀色、幽默風趣、熱情體諒、大方自信等五項，以下將分別敘述。

1、善解人意：這裡有地雷，勿觸！

面對各種溝通問題的第一項法則，就是善解人意。不論是年長者還是年輕人，都需要能先掌握住此法則，才有可能和他人進行溝通。

當與別人見面時，首先要探知對方的心意或見解為何，能先善解其心意，並投其所好，將可能有的障礙或問題給排除，接下來就比較容易進行溝通了。因此，對方有什麼喜歡或討厭的事情，最擅長或不擅長何事，尤其是有什麼禁忌，或千萬不可碰觸的點，都要有所了解，才不會在未溝通前，就先碰到對方的溝通地雷或炸彈，不但未解除問題，反而先製造障礙與阻力。

但也許有人會懷疑，溝通前的準備功夫真的需要這麼麻煩嗎？我又不是他肚子中的蛔蟲，怎麼有可能知道那麼多相關訊息。而且這些都和溝通無關，想要溝通時，直接跟他溝通就好了啦，不是既有效率也省去許多麻煩，何必如此大費周章，也還不一定能溝通順利與成功。

話雖如此，但花功夫去善解他人的心意，就如同為溝通先打開一扇門，門開了雖未必代表溝通一定能成功，但當溝通之門是關著的，溝通就不可能成功。所以，善解人意對溝通而言，就是先排除障礙與阻力，讓溝通大門敞開，使大部分問題都能先迎刃而解，才可能順利進行溝通。

這就是為什麼它是克服溝通問題的第一項法則，而且無法迴避。

”

舉例來說，小芳是生長在單親家庭，母親獨自一人拉拔她和五個兄弟姐妹，由於食指浩繁，母親非常辛苦工作，好養活這一大家子人。而她又是家中長女，從小就跟著母親到處打零工，回到家還要照顧弟妹與做功課，養成她非常好強、絕不服輸的個性，而且認為只有自己最重要，一切想法與觀念都以自我為中心，很堅持自己的作法。尤其對家人常常不假以辭色，都是直來直往，從不考慮他們的感受。因為小芳認為為了生活每天都忙得昏天黑地，哪來那麼多閒功夫去善解家人之意。

直到某日，阿芳忙著做家事及晚餐，好等待弟妹們放學與母親下班回來，就能全家一起用餐，這是一天當中，全家唯一能夠聚在一起的時光。但為了節省開銷，她只煮了一鍋白飯和炒一盤青菜，並只開了一罐豬肉罐頭權充葷菜。母親下班回到家後，原本因為當天比較勞累，想稍微吃好一點，卻發現晚餐的菜色怎麼這麼的簡陋，而弟妹們都知道大姐的個性，誰也不敢講話或質疑。這時母親看到大家都皺著眉頭在吃飯，就知道他們也嫌棄飯菜太過簡單，十分心疼。於是，開口跟小芳說：「弟妹都還在發育中，別這麼節儉，多炒一道葷菜才夠營養。」但小芳下意識地回嘴說：「我們家本來收入就不穩定，當然是能省則省，能吃飽就不錯了，哪能顧慮那麼多！」小芳不但無法了解母親的心意，還徹底傷了母親的心，要知道母親這輩子最悔恨的事就是婚姻失敗又讓兒女跟著她受罪，所以才不論多辛苦都希望兒女能過得好一點。只見母親當場臉色大變，但又不好當著其他孩子的面責備小芳，最後連飯也沒吃，就回到自己房間痛哭。小芳這時才驚覺自己闖禍了，實在不該不了解母親的苦心還去戳母親心中的痛，導致母親無比傷心，問題不但沒解決還變得更糟糕。

2、察言觀色：你的表情在透露著什麼？

要想避免溝通發生問題，除了善解人意之外，還要懂得察言觀色，而這門功夫是人人都該具備的。再者，察言觀色和善解人意是一體兩面的，懂得察言觀色，才能進一步善解人意，而學會善解人意之人，也必定會知道如何察言觀色。這兩者互相緊密關聯，且缺一不可。所以，在此要呼籲大家，不要輕忽察言觀色的重要性。不論是在家庭中、職場或社會上，也不論年齡為何，察言觀色都是不可或缺的溝通基本功。

但是，也千萬不要誤會，以為「察言」就是一定要聽他人的話，尤其是以年長的朋友為然，常常導致衍生出一種「但我是長輩，為什麼一定要聽晚輩的話？」的心情。其實並不然，所謂「察言」就是要注意對方說話的語氣及內容，是否有什麼不對勁，或特別需要留意之處，以備溝通時能適時調整，符合對方需求，創造更有利的溝通時機，並能預先解決可能衍生的溝通問題。

同時「觀色」，也不是指看他人臉色，而是細心觀察別人說話時的表情與臉色變化，以預先做調整，準備好迎合他人的意念，以突破障礙，成功達到溝通目的。

為什麼女兒不懂
我工作的辛苦？
準備好一點的晚餐不好嗎？
我們不是一家人嗎？
為什麼媽媽會這樣難過？
她應該知道我照顧弟妹
也很辛苦，吃簡單不好嗎？
我們不是一家人嗎？

”

小芳這幾天一直在反省，她突然想到教「人際溝通」課的老師一再提醒和他人溝通時，不但要善解人意，在這之前更要懂得察言觀色。小芳當時只是聽過就算，從未將它放在心上。可是在這次之後，她終於明白其中的道理及其重要性。於是小芳就開始留意和母親對話時的臉色、語氣，以及話語中的蛛絲馬跡，並告訴自己在還沒弄清楚狀況、察言觀色完前，絕不可貿然地回話，以免再次釀成大風暴。

但小芳剛開始的時候，總覺得實在很彆扭、不習慣，尤其在她過去的認知中，覺得都是母女、至親家人，什麼話都很好說、可以隨意說，沒有任何忌諱或必須看對方臉色、注意語氣等問題，顧忌那麼多不是太見外也不夠真誠相待了嗎？可是，她卻忽略了家人也是人，也會受傷害，尤其是被至親傷害，那種受傷的感覺是無比痛苦。但也因為是至親，所以更不知該如何表達，只好悶在心中，最後會導致心中的傷痛加重，想要彌補都很困難。

小芳逐漸想明白即使是親如家人，也要察言觀色，更遑論是對其他人，以免傷害對方而不自知。或許剛開始的確會感到不自然及彆扭，而且效果也並不是那麼地明顯。但等經歷過數次應用後，就能很自然且放得開，而能有效利用此法則，創造出更驚人的效果。

“

3、幽默風趣：記得將智慧藏在笑語之後

談到幽默風趣，很多人以為不過就是逗逗旁人開心，或讓他人覺得你是個有趣之人而已。其實並非如此簡單，真正的幽默風趣是富有哲理及智慧的一種溝通法則，絕不僅是逗人開心，或講個笑話讓別人發笑那般簡單。嚴格來說，它是一種更深層的哲學思考，與經過思考後的智慧展現，不是哪個笑話或時下流行的冷笑話可以完全涵蓋的。

例如十幾年前的一部義大利電影——「美麗人生」❷，故事在敘述納粹因為主角基多是猶太人，而將他、妻子朵拉（義大利人，但為了先生與小孩自願跟隨）以及兒子一起關入集中營。

影片的最後一幕是德軍戰敗的那個晚上，集中營內亂成一團，基多想趁亂帶著妻兒逃離營區，半路將兒子藏在路旁的一個鐵櫃中，並再三交代，如果爸爸沒有回來，就安靜地躲著別出來，一定要等到外面完全靜止沒聲音時才能出來。之後基多跑到關押女犯的區域尋找妻子，但天不從人願，不但沒找到妻子，還被德軍發現，並將他帶到偏僻處去槍斃。走向死亡之路的基多，在經過兒子躲藏的鐵櫃前時竟用小丑走路般的正步，讓兒子透過縫隙看到並讓他以為爸爸是在和他玩耍，渾然不知此時的爸爸正邁向死亡之路。

❷ 是由義大利國寶級大師——羅貝多貝里尼自編、自導、自演，該片曾獲得奧斯卡最佳外語片獎。

基多在死前以最幽默風趣的方式和兒子告別，以免在他幼小心靈中留下陰影。這是多麼需要勇氣和智慧的行為，在為兒子繼續帶來歡笑之餘，也為他創造了日後的美麗人生。

再說個故事，台灣在經歷教育改革的多元入學及廣設大學後，各大專院校為了能在少子化浪潮襲擊下，順利進行招生工作，又能符合社會潮流的需要，於是新開設了許多和過去不同的系所。其中就有學校開設了特殊科系——生死系，若干學校也已設了研究所。而該系所的職業導向，就是為殯葬業培養未來專業人才。

故事的主角是一位在殯儀館實習，並開始接觸大體或協助清洗大體的生死系大三女學生。某日，她在殯儀館實習後又趕回學校上屬於國防通識課程的軍護課。由於當天早上的實習已經夠令人疲勞，再加上剛吃完午餐所產生的生理反應，讓她就在課堂上打起瞌睡來。沒想到被授課教官發現，並請她站起來，詢問她為何打瞌睡？她立刻回答說：「因為早上有實習工作，所以比較疲勞，一不小心就睡著了。還請教官原諒！」教官聽完後就笑說：「那好！我問妳一個問題，如果妳答得出來就不再追究。如果答不出來，就要接受處罰。」她想想說好吧，答應教官出題。教官說：「題目很簡單，就是燙傷後的五大步驟為何？」當她聽了這個問題後，想也沒想，立刻回答說：「沖、脫、泡、蓋、送。」教官一下子愣住，沒想到她怎麼這麼容易就答出來，但還是不死心，想要再刁難她一下，於是說：「這是簡答，我要妳詳細回答其中的內容。」只見該名學生臉不紅氣不喘的回答說：「沖水、脫衣服、泡福馬林、蓋棺材、送墓地。」此答案一出，全班立刻笑翻天，連教官也笑得前俯後仰，也就立即原諒她了。

由此故事中可見，人生的答案真的不是只有一種。看開些，用幽默風趣的方式解決溝通問題，保證會有意想不到的效（笑）果。

4、熱情體諒：大家都喜歡的積極態度

在諸多溝通過程中，會引起問題及紛爭，常常問題就在於不懂得熱情體諒的重要。其實不論是在任何場合，包括：家庭、職場、學校、社會，以及任何年齡層，保有一顆熱情體諒的心，往往會讓他人非常舒服和愉悅，因此也容易解決問題，讓溝通變順暢。

例如，為何很多外國的友人，尤其是新加坡、香港及對岸的朋友來到台灣觀光或洽公後，回國都忍不住要特別分享在台灣的經歷，不僅僅是看到美麗的風景，更重要的是台灣人的熱情，所以有很多外國朋友才會一再表示說：「台灣最美的風景是人！」這是由於台灣的人普遍都抱持著熱情的態度，願意體諒外國的朋友，雖然彼此間的語言不一定通，但只要在熱情體諒作為溝通的橋樑下，一切溝通的問題都可迎刃而解。

尤其讓外國遊客驚喜的是，台灣警察的熱情和體諒。在國外，當你被偷、被扒或遺失了任何東西，想找警察幫忙嗎？連門都沒有！尤以外

國觀光客為然。那是因為外國的警察認為，被偷、被扒或遺失東西，都是遊客自己的問題，和警察勤務無關，甚至覺得你找他們幫助的行為是在找他們的麻煩，所以根本懶得理你。以至於在國外被偷、被扒或遺失東西的時候，百分之九十九是找不回來的。哪像我們台灣的警察，遇到外國觀光客有任何問題，都熱情幫忙，不但出力幫助他們找尋失物，如果真沒錢，還主動幫忙找協助，或資助他們買機票讓他們能回國；而台灣民眾撿到遺失物，也都會送到警察局去。

所以，外國觀光客在台灣遺失任何物品，找回來的機率通常都非常高，讓他們留下深刻印象，直誇台灣的朋友實在太熱情體諒，太可愛了。

由此可見，熱情體諒可以打破國籍或語言隔閡，也能解決任何溝通問題，它的功能十分強大，如果能夠懂得充分運用此法則，那麼任何溝通問題都將不是問題；反而言之，冷漠與不體諒，就會變成溝通問題的來源及障礙。

5、大方自信：只有先肯定自己，才會被別人肯定

不論是哪個年齡層的人，不管是處於什麼地點、什麼時間，都需要具備大方自信的態度，才能在溝通中解決問題，立於不敗之地。幾乎沒有人可以在缺乏大方自信的狀況下，被對方接受，或足以讓他人信服自己所說的話。在此種狀況下，不但無法解決問題，反而會增加溝通的不確定性或失敗率。

如果一遇到事情就容易退縮、不敢面對他人，那就會無法大方地向他人表達自己的意見。不但無法充分地說出自己獨到的見解，也會表達地不清不楚，這些都是溝通的大忌。因此，在面對溝通問題時，必須具備充分的自信，也要足夠的大方，才有可能具備充足的實力，並發揮出衝擊力，一舉將問題給衝開；如果只是一味退縮或以為息事寧人就可以逃開問題的糾纏，那將只是一廂情願的想法，因為問題若不去解決，是不會自動消失的。

而且越是想逃避問題，它越會緊追著你不放；時間上拖延得越久，問題也只會更加嚴重。因此，唯有就事論事，大方自信地積極面對問題，充分且堅定地站穩自己的立場，才不會被對方給看扁，或是不屑於與你溝通。否則就算是你很有誠意地想要溝通，也無法獲得他人的肯定，問題不但無法解決，還會橫生枝節，到頭來問題只會越來越嚴重，就得自己承擔它的後果了。

”

延續前面的例子，小芳為減輕母親的負擔，必須利用課餘時間到住家附近的超商打工，以賺取自己的學費，導致不但缺乏自信且個性上不夠大方。

剛上班的幾天，一切都很順利，因為一起工作的同仁也都是工讀生，彼此相處很不錯。

但經過一段時間後，某位工讀生發現小芳很沒自信、不夠大方外，也不敢提出疑問或向他人請教，而且習慣自己默默承擔。於是刻意欺負起小芳，認為反正她也不敢說出來，真發生什麼事，就讓她去負責，誰叫她倒楣。因此常在清點、核對收銀機金額無誤，要交班給小芳的時候，都會趁小芳不注意，從收銀機中拿走一些錢作為己用。雖說數目都不大，每次不過百來元，但缺少的部分，得由工讀生自行賠償。對於小芳來說，每一次自己貼補的損失都是龐大的負擔。累積幾次後，她覺得再也無法承受。再者，賠錢事小，但次數一多，便容易讓其他工讀生和店長懷疑起小芳的工作能力、質疑她是否做事太輕率，甚至可能因此被店長解雇，到那時問題可就真的是嚴重了。

之後，再和那位工讀生交接時，她都特別留意，也因此發現那位工讀生順手牽羊的手法。對於他如此的作為，小芳非常氣憤，也知道是那位工讀生擺明地欺負她缺乏自信又不敢提出疑問的弱點。一時之間，小芬也確實不知該如何面對與處理，但若放任其如此發展下去，也只會讓問題變得更加嚴重而已。

事已至此，小芳只有硬逼自己堅強起來，大方勇敢地面對問題，並積極的去溝通解決。於是她鼓起勇氣向店長陳述遇到的狀況與問題，並出示蒐集到的證據，讓店長完全掌握住問題之所在，並以無懼的態度和對方對質，才使真相大白，還給自己清白。最後，在小芳同意下，達成和解，並讓對方賠償小芳的損失，且令對方自行離職，也將此問題徹底解決。

經歷這件事情後，小芳逐漸建立起大方自信的態度，而越發優異的工作表現，也讓店長頻頻讚許。

“

經由以上事件，說明在面對溝通問題時，只要態度上勇敢大方，且無所畏懼的善用這些溝通法則，那麼任何問題都可順利解決。

實用題

對於世代溝通的提醒和建議有哪些？

我們在進階題篇探討世代溝通的方式和技巧後，本書也將進入最後一篇——針對世代溝通，提出若干實際提醒和建議。

這些提醒與建議並非在打高空，或看似言之成理卻虛有其表，基本上都具有可行性，且也是筆者實際應用在生活中過，才在此提出與各位讀者分享。

以下將分成二個問題來闡明，先從提醒開始討論，最後以建議做為總結。

Q9 當我們要進行溝通時，請記得

世代溝通目前所面對的狀況，就是青、銀兩世代間所發生的對立現象、相對剝奪感，與熟齡族或年輕族群各有自己的問題，亟需要想辦法並提醒雙方，透過積極溝通的作為來解決。

以下將分從真愛無礙、化解差異、投入改變、相互補足和創造共融等五方面來提醒。

1、真愛無礙：別忘了用愛做橋樑

人際之間，有一種不受時空限制，不但擁有無窮力量，且無堅不摧的東西，那就叫做「愛」，尤其是真心誠意的愛最為可貴。因此，以世代間的溝通來說，第一項提醒，就是要珍惜彼此的愛。

其實世代間，不論是年輕朋友還是年長的朋友，大家都是一家人，都在台灣這塊土地上生活，不論在家庭中、學校裡、職場或社會上，彼此都有著密切的關聯性。在家中是家人，在學校是同學及老師，在職場中是同事，在社會上是同胞，沒有什麼人會和他人無關。所以，我們彼此相愛，有愛作為基礎，共同去面對溝通難題，再難的問題都會變得容易解決，也可以共同去面對。這是對不同世代都非常重要的提醒，「有愛，溝通就會無礙」，如本書標題所示。

記得曾在聯合報看過一篇小文章❶，文中提及台灣這段期間掀起的一股抓寶熱潮。這位作者是位母親，很擔心她的女兒也會被吸引。果不其然，自從開放抓寶後，她的女兒也沉迷於此。為此，她多次與女兒溝通，但都被女兒說她反應過度，兩人始終無法達成共識。雖說她的女兒一再保證會自我控制，不會因此而耽誤功課、忽視自身安全，但只要見到女兒低頭滑手機，她就會不由自主地叨唸：「又在抓寶了！」而女兒也總回她：「又來了！」事實上，確實有許多次是她冤枉了女兒，事後她也氣自己老是嘴快，深怕自己善意的提醒在女兒的眼中變成故意找碴，破壞平時母女倆如朋友般的關係。還好作者女兒個性上還挺粗線條的，情緒過了就不放在心上。

某日，向來不喜歡運動的女兒心血來潮，主動邀作者去爬山。雖然作者在心中猜想，恐怕是女兒想趁機抓寶、孵蛋，但她還是立刻答應，並開車來到登山步道入口。看到女兒將手機緊握在手中，作者不解地問：「為什麼手機不放在背包裡？」只見女兒緊盯著手機螢幕說：「這裡有道館。」頓時，她的心沉了一下，心想果然醉翁之意不在酒，抓寶才是重點。但為了不破壞彼此難得出遊的機會與心情，她忍住即將爆發的情緒繼續登山。

一路上，女兒除了關注手機給予的提示外，也主動和她聊起在學校

---

❶ 二〇一六年十一月八日，《聯合報》，王惠珠，〈為母心情，各抓各的寶〉。

和同學間發生的種種趣事。雖然途中有兩三次因為抓寶行動而中斷話題，但母女倆在說說笑笑間，卻也已不知不覺地攻上山頂。

在攻頂的路上，作者看見往來的人群中，有因一直盯著手機而沒注意腳下路況，差點被石頭絆倒或一腳踩空的驚險畫面，讓作者心裡不禁為他們捏了一把冷汗；更有一家大小全體出動抓寶，和那一副要將神奇寶貝們一網打盡的模樣相比，女兒真的是比他們來得克制多了。這時，她想起女兒提到的因人而異的克制力，也開始思考女兒抓寶這件事情確實沒有她想像中的嚴重，並不值得為了此事傷害了母女倆的感情。

之後，在下山的路程中，兩人各抓各的寶，女兒繼續利用下山的路程抓神奇寶貝、孵蛋，作者則是抓住與寶貝女兒相處的這段時光。

從這篇文章可以發現，溝通只要基於愛，所有問題、難關或不快都可以克服。所謂「家有一老如有一寶」。年長者是寶，年輕人又何嘗不是寶，例如寶貝兒子、寶貝女兒、寶貝學生、寶貝員工等。只要彼此都將對方當成寶，以愛來溝通，何愁會有溝通阻礙或困難可言。

2、化解差異：了解，讓我們跨越時間產生的差異

不同的世代，由於出生及成長背景有別，當然會存在著差異。因此，我們該用什麼角度或態度來面對此種差異，才能化解這些差異，並避免造成對世代溝通的影響與危害，這是必須要提醒的第二個重點。

關於世代差異的成因，雲品國際董事長盛治仁先生以為，和各世代成長過程差異、價值觀不同，以及環境巨大變化有關❷。

他舉例說明，五年級生（民國五十年左右出生的民眾，以下依此類推）成長於相對艱困的經濟環境，以及高喊反共復國的年代。就學時，大學聯考錄取率約三成，因此高職生多於高中生；就業時，台灣正值經濟起飛時期，也造就許多所謂的科技新貴。對於那時的他們來說，工作就是生活。

❷ 二〇一六年五月十七日，《聯合報》，盛治仁，〈不同世代說不同話〉。

六年級生生長於逐漸開放的年代，價值觀相對多元，失業率降低，但升遷高階職位的機會較少，所以轉向自行創業的比例就高。

七年級生則開始面對貧富差距惡化，雖然教育普及，人人可念大學，電腦等3C科技越來越普及，但單憑自己能力很難購屋。

八年級生是和網路以及手機共同成長的一代，使用臉書的頻率多過紙本書籍，而這一代的年輕朋友所碰到的問題，是長期的經濟停滯與薪資不漲的大環境。雖然他們在工作上比較不注重職稱，但他們希望能找到歸屬感，並期盼能在合於自己價值觀的環境中工作，強調自我實現的重要。至於經濟生活，則還有原生家庭可以從旁協助。

經由以上敘述其實不難發現，世代差異的發展幾乎每十年是一個週期，也就是說每十年就經歷一次世代轉換。如果以熟年和年輕兩個世代來區分，則是五、六年級屬於熟年世代，七、八年級屬於年輕世代。

因此，面對不同世代的成長、經驗和價值觀，需要不同的溝通技巧與工具，尤其要設法化解彼此溝通的障礙，去了解對方和我們世代間的差異在哪？如何去接納及包容，並以開放胸襟找出共同之處，形成共通語言將是關鍵所在。

也許很多人會質疑，我們都生活在台灣、都講中文，怎麼會有語言不通的問題？那是因為不同世代，受環境經驗和價值觀影響，會逐漸形成屬於各個世代的特殊用語，好比八年級常用的網路語言（或稱火星文），五年級生就未必全懂。

唯有了解彼此用語，經過融合、化解差異，才有可能真正跨世代溝通，而不至於造成世代溝通的阻力，形成對立。

3、投入改變：讓我們一起磨去稜角

要想化解世代溝通的阻力，不能只一味覺得「那個世代的人怎麼那麼難搞？」、「為什麼彼此差異這麼大？」，或者只是抱怨或指責對方，這對於改善溝通來說是最最無效的，且毫無意義可言。

解決問題最好的方法就是投入對方世界，了解對方特質，並想辦法去改變自己，設法拉近彼此距離，找出共同可接受及契合之處，方能有所進展與突破，這就是本段所要提醒的第三點——投入改變。

當然，也會有人質疑說，想要改變談何容易，尤其是年長的朋友擁有豐富的經歷，不論價值觀念、對事想法或基本作為，均已固定，很難再改變。而且，所謂「江山易改本性難移」，已形成多年的本性，哪可能說改變就改變？要是輕易就能改變，甚至放棄本性，不是連自己都做不成了嗎？

其實，投入改變並非是要放棄自己，而是期盼能緊守自己內在核心價值與理念的同時，還能在和對方發生外在溝通，圓融改變。

正如俗話所說「外圓內方」❸，內方是自己必須緊緊守住的方寸之地；而外圓則是和他人互動溝通時，要隨時依對方需求及特質去改變，不可以是方的，以免刺傷別人。在此也要特別提醒大家，自己內在方寸之地，要越小越好，外圓部分因為隨時要依需要而改變，因此越大越好。如此方能和對方找到溝通交集的途徑，也才有可能進行有效溝通。

最近在聯合報看到一篇專題報導，標題是「活躍老化三・〇——銀光的力量翻轉祖孫」❹，內容是在敘述銀髮族透過改變所展現的溝通力量。

報導中列舉了幾位最近臉書上的超人氣奶奶，而金孫則是她們成為網紅的重要幕後推手。其中一位 Gold 奶奶❺，八十二歲，單身，粉絲數破二十二萬，並且人數在持續增加中。但她究竟是何許人也？其實「Gold（黃金）」，是奶奶自己取的英文名字，她的臉書特色是自拍照，因為她的臉總佔據整個鏡頭的二分之一，而左手比「Ya!」的同時，也常

❸ 係依據中國古代天圓地方說的概念而來，古時的銅錢即係依此概念而設計。

❹ 二〇一六年九月三十日，《聯合報》，陳雨鑫，〈金孫的力量，讓這幾位奶奶在網路上爆紅〉。

❺ Gold 奶奶已於二〇一七年七月九日逝世。

常偷拍孫子——二男。

二男幫她成立粉絲團「奶奶來了」，紀錄自己與奶奶相處過程，甚至吸引了許多的「奶粉」。但成立粉絲團的契機，其實是二男爺爺過世時，二男看到痛哭的奶奶，才讓他知道奶奶原來也是一個小女孩，一個一輩子以爺爺為中心的小女孩。因此他想重新認識這位「爺爺的太太，爸爸的媽媽」，於是成立了「奶奶來了」粉絲團。

這個粉絲團原先只是單純地記錄祖孫倆的活動，沒想到後來 Gold 奶奶中風、失智了，於是二男也利用粉絲團紀錄下他對奶奶的不捨，以及對於長照議題的關注。

由上面這個案例可見，世代溝通必須隨時代變遷而有所因應與改變。Gold 奶奶變成「潮嬷」，方能和年輕的孫子溝通，這也讓她和孫子走入對方世界，讓彼此相互了解並無礙溝通。不過，其中還有一項必須附帶提醒，就是要想投入改變，必須趕緊學習新事物，尤其是運用社群網站和通訊軟體，例如臉書、Line 等新興的溝通工具，才可能達成事半功倍的效果。

4、相互補足：我們都是半個圓，合在一起才完整

不同世代的人，雖然彼此間存在著巒大的差異，但也代表各有各的優點、長處，或短處與缺失。如果看不順眼對方，互相對立，自然看到的都是對方的短處或缺失，不但無法溝通和相處，還會導致發展力量抵消及溝通困難，彼此都受害。

反過來說，如果能以互補的眼光和態度去看待對方，就很容易看出對方的優點與長處，然後以欣賞的角度，試圖學習這些優點和長處來補足自己的短處與缺失，自然能發揮出加乘效果。保持這樣的態度不但有利於溝通，更可讓生活過得更幸福。

這就是為什麼要在此提醒的第四個重點，運用對方世代的優點與長處，來補自己世代之不足，將創造更為有力的溝通條件。

例如專題報導也有提到一位自十五歲起便獨力照顧失智奶奶的李小姐。文中講到國三開始就半工半讀的她，在一肩承擔照顧奶奶的責任後，曾因為課業無法跟上學校進度、長期失眠，加上青春期的情緒作祟，一度覺得生活壓力大到想自殺，但因緣際會之下看到了「奶奶來了」粉絲團，讓她突然發現「原來照顧長輩也能這麼快樂！」

她說，自從開始照顧奶奶後，才知道照顧者的辛苦，但也更加了解奶奶其實內心裡是非常渴望有人陪伴在身邊的。所以，她不後悔承擔照顧奶奶的工作，對於失去的朋友與校園生活也不覺得後悔。她也希望能夠透過與奶奶間的互動，把相處的快樂傳遞給更多人。於是，她也開始在臉書上分享自己與奶奶間的互動。

現在的李小姐覺得她自己是個「奶寶」，即使奶奶現在什麼都不記得了，但她從奶奶的身上學到了如何面對生命。

在專題中還有提到另外一個小故事，是左手臂上刺有爺爺肖像的林先生的故事❻。

林先生的祖父母都是教職人員，從小對於他的教育就採嚴格的態度，特別是練習寫毛筆字這一項。但是祖父母對他其實也是很疼愛的，在那個沒有冷氣的年代，爺爺總是幫他搧風，直到他睡著為止。但小時候不懂事，對長輩的付出沒感覺。先是和爺爺大吵一架，並賭氣說：「回到台北以後就不會再回來！」後來，輾轉得知爺爺罹患肺癌住院，在探病時因為爺爺說了他不喜歡聽的話，又和爺爺吵了一架便奪門而出，沒想到，當天晚上爺爺就逝世了。

他曾因此放縱自己成為壞小孩，但看到奶奶就想到爺爺對他的好。在二十歲那年，他突然醒悟並把爺爺的肖像刺在左手臂上，決定透過這個方式和爺爺同在。也希望自己能像爺爺一樣，有著溫柔卻堅定的力量。

❻ 二〇一六年九月二十九日，《聯合報》，魏忻忻，〈這個金孫，把爺爺刻在手臂上〉。

由以上幾篇報導可見，不同世代的人，必須找出或發掘出互相可以補足之處，方能順利溝通，且快樂幸福的過日子。

5、創造共融：我們都在努力變得更好

處於不同世代間的人，其實誰也不虧欠誰，或者誰也沒佔對方的便宜。因為國家或社會整體經濟發展，在各個階段都不一樣，各有其走向與安排，並且經濟發展是循環的，有景氣的時候一定也會有不景氣的時候。所以，不必在意是否因為某世代抓住機會或佔著位子不放，而導致侵害到了另一世代的發展與權益。我們不該從紅海策略的目光來看待事情，進而去抱怨、相互指責，甚至爭執到臉紅脖子粗，而應該展開格局用藍海策略去作為創造共融的方法。而這，就是這個Q中要提醒大家的最後一個重點。

關於此項議題，其實我國勞動部早已開始重視，並展開一連串具體作為。其中以勞動部勞動力發展署北基宜花金馬分署成立的「銀髮人才

資源中心」❼，以及舉辦的「全國青年提案競賽」最具代表性。

就第一項成立「銀髮人才資源中心」而言，其目的在於：

(1)促進健康：避免年長的國人朋友淪落至臨終前，平均臥床七．二年的命運。

(2)提高社會參與：關懷社會、人群，利己利人，創造共善共好的社會環境。

(3)回饋與貢獻：中高階層的熟年人才可以回饋社會，貢獻人群，再創事業第二春。

(4)改善貧窮：透過支持系統，協助年長、弱勢的國人再就業，改善家庭貧窮困境。

(5)促進經濟所得安全：透過再就業，增加年長朋友的平均餘命，建立「安全養老所得」❽。

❼ 詳情請見銀髮人才資源中心官方網站。

❽ 參閱《二〇一五年銀髮人才資源中心週年誌》。

由以上所列五小點可見，銀髮人才資源中心的設立，並非要讓年長的朋友去和年輕朋友搶賺錢機會或飯碗，而是期望藉由年長者較長的餘命和價值，增加他們的勞動參與率，一方面可以再度貢獻及回饋社會，二方面可以增加經濟收入，為養老生活提供充分保障，三方面也可以促進健康，避免失智。真是一舉數得，非常值得年長朋友的投入。

除了年長者之外，年輕的朋友也不必再抱怨工作機會太少或賺錢困難。因為透過「全國青年提案競賽」，提供年輕人參與及發展的機會，發揮這個世代善於創意的長處，不但為年長朋友提供生活服務解決他們的問題，更可增加工作和賺錢機會，真是一舉數得。

二〇一六年的「全國青年提案競賽」❾在致理科技大學舉辦，筆者有幸受邀擔任輔導顧問，於「青銀共創工作坊」中指導青年學子，藉由在工作坊中的交流與互動，討論提案內容的執行方向，強化這群青年學子的計畫內容，使計畫更臻完備且具體可行。此項競賽的目的，是為引導年輕世代關切銀髮族所面臨的各項議題，進而研究思考、行動規劃、親身參與、提出看法與精進作為，藉由結合社會各界與青年學子們共同營造「青銀交流，世代共融」的良好氛圍，進一步吸引社會大眾對銀髮議題的關注。

筆者透過本競賽看到許多青年學子在銀髮議題上所展現的創意，同時也感受到他們的熱情與活力，讓人十分感動，也令筆者更加堅信創造共融的理念，是多麼有交流與溝通效果。

藉由以上兩個案例的說明，印證結合政府與社會各界力量，共同為「青銀共融」奉獻心力，不但會引起世人的共鳴，並會對世代溝通產生無比力量。筆者在此提醒大家，坐而言不如起而行，請讓我們一起付諸行動吧！

---

❾ 本競賽共分成四大類組，包含社會服務組、映畫製作組、銀力創業組以及創意商品組等，總獎金高達新台幣六十八萬元整。

Q10 當我們要進行溝通時，可以這樣

在本書最後一個問題中，筆者將針對世代溝通，提出用愛積極聆聽、走入對方世界、多為對方著想、採取實際行動與借用各種資源等五大項建議，分別論述於下：

1、用愛積極聆聽：先聽，再說

關於溝通，首先要強調的重點不在「說」，而是在「聽」，尤其是世代溝通，更是如此。

以年輕人來說，非常不喜歡聽年長者說話，年長者只要多說一句話，他們就會覺得嘮叨；同樣地，年輕人在「說」方面，事實上並不願意對年長者說什麼，因為會覺得就算說了，年長者也聽不進去，或者根本聽不懂年輕人在說什麼。因此，如果只是一味地「說」，而不加以思考如何去「聽」，那在不同世代間的代溝隔閡之下，將永遠無法真正開啟溝通。

那麼該如何經由先聆聽，而且是積極聆聽，並用「愛」去化解代溝所造成的隔閡，將是第一項重要建議的內容。

所謂用愛來積極聆聽，是因為不同世代間，由於差異所產生的代溝，會阻礙彼此聆聽對方說話的意願。為了能讓對方欣然接受我方所說的話，當然就必須以愛為前提，既然雙方都關懷也愛對方，那就應該好好積極聽對方說。

就以專題中提到的林先生，他從幼稚園開始就和爺爺奶奶同住，爺爺尤其疼愛他，每天騎機車接送他上下學。但誠如一句俗語所說的「愛之深責之切」，爺爺因為太愛他，所以對他很嚴格，也造成他無法體會其中的愛，只覺得爺爺太嚴肅、要求太多，導致林先生不但聽不進爺爺所說的話，還和爺爺吵架，甚至在爺爺臨終前仍然如此。直到爺爺往生後，才突然醒悟這樣的行為原來是爺爺愛他的表現，可是今後再也聽不到爺爺如此這般對他說話了，只好將爺爺的肖像刻在左手臂上來取代爺爺不在的事實。

我們用上面這個小故事來分析「以愛來積極聆聽」這個建議項目，必須採取以下五種作為：

(1)聽出其中端倪：林爺爺因為太疼愛孫子，所以對孫子的要求過高，甚至嚴格地要求孫子寫毛筆字，但是沒有想過目前是個怎樣的年代，還如此要求是否太過自以為是。

林爺爺沒有積極去聆聽孫子為何如此反彈的原因；同樣地，孫子林先生也沒有積極聆聽，去體會出爺爺如此要求的用意和苦心。所以，雙方在無法溝通的狀況下，只好用爭吵來解決問題。

(2)聽出弦外之音：林爺爺在嚴格要求林先生的時候，其行為所隱含的弦外之音是要告訴孫子：「這是為你好。」、「希望你能出人頭地，成為林家之光。」但林先生卻無法品出這番行為舉止的弦外之音。同樣地，林爺爺在聽到林先生的反彈時，也沒能聽出孫子其實是在表達他覺得壓力太大了，並且這些要求對他而言，已不是目前最迫切需求的項目，怎麼爺爺還是如此食古不化。

他們雙方都無法聽出對方話語中的弦外之音，以致無法溝通。

(3)聽出正確含意：林爺爺嚴格要求林先生的舉動，其實是想要表達出「希望培養孫子日後成為有用之人」的意涵，所以才會要求那麼多，而孫子卻無法體會出其中正確含意。同樣地，林先生的抗議是在表達「請爺爺了解我的壓力，也希望能依時代變化，去改善自己的要求方式」，但林爺爺一樣無法聆聽出其中正確含意，導致雙方不歡而散。

(4)聽出完整內容：林爺爺和林先生溝通互動時，雙方都沒有耐心仔細聆聽對方所要表達的完整內容。爺爺覺得長輩哪需要聽你說那麼多理由，這些理由都是些推託逃避之詞，當孫子的就是要聽長輩的。而孫子原本就很反彈，所以也沒有耐心聽取爺爺說的完整內容，導致雙方無法有效溝通。

(5)聽出該有的重點：積極聆聽最難之處，就是要在很短時間內，聽出對方話語中所要表達出的重點。以林爺爺來說，他向孫子所要表達的重點，不外乎是「為你好！」、「要加油！要成為能為林家光耀門楣的子孫。」，而就林先生來說，他的抗議行為所要表達的重點，則是「壓力好大」、「能否不要如此八股」、「換個方式可好？」。若這些表達重點雙方都能聽出來，那結局就不至於如此令人遺憾。

以上所說明的這五種作為，如能以「愛」作為基礎和前提，並設法做到，就不至於徒留悔恨。

2、走入對方世界：你的世界是什麼樣子？

在此要給予世代溝通的第二個建議，就是要走入對方的世界。每個世代都有屬於他們自己的世界，而各世代間又不盡相同。因此，想要進行良好溝通，就必須先走入對方的世界。

就像前面報導中引述的李小姐，她從國三開始獨力照顧失智的奶奶，由於無法理解、也走不進奶奶的世界，因此曾一度壓力大到想自殺。

藉由分析這個案例，可以了解到想要進行跨世代的溝通，必須先走入對方世界。可以採行下列四項作法：

(1)敞開心胸：想走入不同世代人的世界中，首先就須要將自己的心胸給敞開。以李小姐來說，她一直封閉在自己世界中走不出來，不但長期缺乏朋友和同學支持，也無法理解奶奶的世界，更別談走進去。直到看見「奶奶來了」粉絲團，才發現她並非如此孤獨，社會上和她同樣或類似情況的大有人在。因而受此啟發，敞開自己的心胸，深刻感受到其實自己是個「奶寶」，雖然奶奶什麼都不記得了，但她從奶奶身上學到如何面對生命。這才是真正和奶奶的世界有了連結，走進奶奶的世界中，並開始有了新的溝通。

(2)遇見快樂：當發現走入對方世界是快樂的，那麼這個快樂將會轉變成一股動力，會讓你想要走入對方世界，則自然就不再會有牴觸或阻力，對方內心世界的門扉也會為你而開。

以李小姐來說，當她看到「奶奶來了」粉絲團後，才發現「原來照顧長輩也能如此快樂」，同時看到奶奶無憂無慮開心的模樣，就好像什麼事情都沒發生過，她仍是奶奶最疼愛的孫女，頓時就覺得自己和奶奶的世界又連結在一起了。

(3)運用媒介：以李小姐為例，她也仿效「奶奶來了」粉絲團，成立「奶奶很忙啦」粉絲團，將奶奶的生活過程記錄成影片，放到網上與他人分享。

最近，奶奶總是擺出一號表情，於是她偷偷地給奶奶喝檸檬汁，奶奶果然露出「酸巴巴」的樣子，實在超可愛。所以，「奶奶很忙啦」粉絲團，就成為她走進奶奶世界的媒介，讓她和奶奶的世界有了新的連結與互動。

(4)懂得分享：世代間不同的世界，要能連接、互相交流，並走入對方世界，關鍵就在於必須懂得分享。

李小姐成立粉絲團後，開始在網上分享自己和奶奶的日常互動，並經由與「奶粉」們的分享及互動，李小姐也從中獲得更大支持力量，並更懂得怎樣和奶奶相處，利用最恰當也最容易的方式走進奶奶的世界中。

3、多為對方著想：設身處地，你我都一樣

給予的第三項建議，在於多為對方著想。

其實我們人多半是自私的，凡事往往先為自己著想，鮮少會為他人想。因此為對方著想已不容易做到，還要多為對方著想，就更需要下功夫。從Gold奶奶的故事，就能知道多為對方著想對世代溝通有多重要。

以下將分成四項作為來分析：

(1)了解對方：不可諱言以實際行動去了解對方，是多為對方著想的

第一項作為。若不去了解對方，又如何奢談能夠做到為對方著想呢？因此，要想為對方著想，首要作為就是必須設法先去了解對方。

例如，Gold 奶奶很了解二男的狀況與需求，每次做飯都煮滿滿一桌子菜，好讓正值發育期的孫子吃個夠、吃個飽。有一次她在粉絲團 PO 了一張煮滿一桌好料的照片，並寫著：「孫子每次都唸我煮太多，最後還是全部吃光。你奶奶不疼你才不會煮一堆菜，不然晚上頭殼壞掉，又跑去亂買吃的。」❿由此可見，Gold 奶奶是多麼疼愛孫子，也因為了解孫子的需求，更能多為他著想，方能溝通無礙。

反過來說，孫子二男也很了解奶奶的心思。有一次他買了盆栽送給奶奶，奶奶用歡喜中帶著驕傲的語氣回應說：「說芙蓉給我福氣，萬年青要我長壽，結果還不是你奶奶要照顧。」看來二男還真是了解他奶奶，難怪 Gold 奶奶會如此疼愛和喜歡他。

(2) 認同對方：為對方著想的第二項作為，就是需要認同對方。若你連認同對方都做不到，又如何談能夠為對方著想。

例如，二男的爺爺過世後，二男看到 Gold 奶奶痛哭，他才知道奶奶原來也是個小女孩，因此，他想重新認識這位「爺爺的太太，爸爸的媽媽」，於是就成立了粉絲團，紀錄祖孫間的互動。由於二男對 Gold 奶奶的重新認同與互動，使祖孫倆的溝通越來越順暢。

同樣地，雖然每次在自拍時，奶奶的臉總佔據了照片的二分之一，但她總是想辦法同時捕捉孫子二男身影一起入鏡，可見 Gold 奶奶有多認同孫子，難怪他們之間的互動與溝通模式會如此羨煞旁人。

(3) 迎合對方：世代間為了能溝通無礙，一定要做到第三項作為，就是迎合對方。

孫子二男為了迎合奶奶，自己也成立粉絲團，他常直播與奶奶間的

---

❿ 二〇一六年九月三十日，《聯合報》，陳雨鑫，〈金孫的力量，讓這幾位奶奶在網路上爆紅〉。

互動，例如勸她換衣服，即使Gold奶奶一邊說不要，但一邊卻乖乖地至少換了三套以上。甚至最近祖孫倆上演反串秀，兩人相互交換衣服穿，但Gold奶奶卻堅持不給孫子二男戴金手鍊，笑壞一堆網友。

而Gold奶奶也為孫子二男，特別學習如何使用臉書、發文、打卡甚至直播等功能，目前這些都已難不倒她。一位高齡八十幾歲的老奶奶，還願意為孫子努力學習最新事物，這份為和孫子溝通而配合他的作為，真是太讓人感動，充滿著濃濃的洋蔥味⓫。

(4)對方為主：想多為對方著想的最後一項作為，就是能處處以對方為主。

以孫子二男來說，近來奶奶中風、失智，讓他更珍惜與Gold奶奶的相處，並一切以奶奶為主。所以，他最近在臉書PO出的照片寫的都是：「我也好想我奶奶煮的飯菜」、「有奶奶真好」、「好想念我的奶奶」等等字眼。而Gold奶奶自從中風、失智後，更視二男為唯一依靠對象，一切都靠二男來照顧和打理。

所以，愛與溝通都要及時，不能等待。尤其是面對長輩，沒有什麼事是不能與他們溝通的，所以請大家務必多為對方想想，多以對方為主。換個角度想，迎合一下對方又有何妨？只要有一方願意踏出第一步，迎合對方（建議最好由年輕人先為此作為），並願意認同與了解對方後，想必對方一定也會如此回報對待你。

因此，不論是年輕朋友還是年長的朋友，請務必放開心胸，用愛做基礎，去多為對方著想，必能打開溝通之門，讓溝通無比順利。

4、採取實際行動：坐而言，不如起而行

光說不練，並不會讓世代間的溝通順利進行。因此，必須採取實際行動，這就是第四項建議。

這些實際行動包括青年創造機會、銀髮學習新知，以及照護自己健

---

⑪ 寓意著令人感動，不禁想流淚。

康等三方面。分別論說於下：

(1)青年創造機會：年輕人不該再自怨自艾了，而是要更積極奮起，不要用負面的態度來看待問題，認為目前年長者都把機會給佔據了，害得年輕人完全沒有機會，或薪資過低等狀況，導致產生世代剝奪感，甚至造成世代的對立，這是非常可惜的狀況。

年輕人此刻應該反過來以更積極正向的態度，面對目前的困境，去創造機會、改善現況，和年長者共創新榮景，達到雙贏目標，將對世代溝通產生無比功效。例如，二〇一六年由勞動部勞動力發展署北基宜花金馬分署所舉辦的「全國青年提案競賽」，社會組的第一名是由五位年輕朋友組成的團隊。

他們的提案名稱為「獨『數』一幟，公衛青年軍」，提案的內容是希冀從「預防」年長者失智的角度出發，以衛教方式先讓年長的朋友了解「認知功能障礙」的病程與症狀，並且幫助患者及家屬及早預做準備，以因應疾病帶來的生活變化。

所以，這組團隊擬利用生活中「趣味」、「有意義」、「延展」等素材（即「數與計算」、「平面圖形與立體形體」、「邏輯推理」、「排列組合」及「機率」等），以拓展年長朋友的人際關係網絡，藉此達到延緩「腦力退化」的效果⓬。

經由以上這個案例，就足以說明，年輕朋友透過實際行動創造機會，不但幫助年長者解決問題，更為自己增加機會，促成雙贏的溝通結果。

(2)銀髮學習新知：年長者為了能跟上時代發展，並和年輕人融洽相處，以利雙方溝通，就必須不斷學習新知。正所謂「活到老學到老」，就是這個意思。

其實，目前國內已經有非常多的管道，可以提供年長者學習的機會，而其中最佳選擇就是教育部目前正大力推動的「樂齡大學」。這些樂齡大

⓬ 參見《二〇一六年全國青年提案競賽成果紀實手冊》。

學都設置在各大專院校中，並結合大學資源，提供年長者各種學習課程，其中以電腦資訊等相關課程最受年長者的歡迎。

目前全國各縣市已有一百零八所樂齡大學，開設各種課程供長者選擇。筆者也曾在之前任教的科技大學，教授過樂齡大學課程，見到各位年長的朋友快樂熱情的學習，並和年輕人打成一片，心態變年輕，身體也越來越健康，真是成效顯著。

除了樂齡大學外，還有許多社區大學、社會大學、空中大學及各種民間團體，如協會或學會等，都會開設各種課程，提供年長朋友們廣泛而方便的學習機會。在此建議各位年長的朋友，心動不如馬上行動，請大家即刻開始加入學習的行列，以利世代溝通。

(3)照護自己健康：健康是一切的根本，也是世代溝通的基石。沒有健康的身體，又如何奢談溝通，尤其是銀髮族朋友的健康，更是其中最須關注的主要課題。

例如，新北市推動「新北動健康」政策，建議年長者多運動，一方面除了讓身體更健康外，另一方面則可預防或減緩失智情況。於是社會局和衛生局一起培育了一百一十位種子老師，這些老師將深入社區服務，帶著年長的朋友做運動，讓年長者動起來，並使年長者獲得「自癒力」、「肌耐力」以及「護身力」三力加身，老而健康⓭。

當然年輕人也得注意自己的健康，例如千萬別熬夜，作息要正常，並控制3C產品的使用時間，注重飲食，預防三高（高血壓、高血脂、高膽固醇）等。根據近幾年的統計數字顯示，三高病患的年齡層已愈來愈降低，因此它絕非僅是年長朋友的專利。

有了健康的身體作為資本，雙方才能進行有效溝通。所以，請青、銀雙方都要動起來，一同採取具體行動。

⓭ 二〇一六年十二月六日，《聯合報》，魏翊庭，〈帶著長者動健康，一一〇種子老師上陣〉。

5、借用各種資源：你，不是單打獨鬥的俠客

對於世代溝通給予的最後一項建議就是——不需單打獨鬥。在碰到任何溝通問題時，首先想到的，應該是如何尋求與借用各種資源的協助。針對以下四個常見的問題，一一提供可以協助的資源內容：

(1)失智：失智症狀是年長者最容易碰到的溝通狀況，當然目前此現象已有年齡下降的趨勢，但仍以年長者居多數。

當碰到失智問題時，必須尋求專業醫師的診斷，目前各大醫院都有開設失智門診；或者也可以尋求政府機關、民間機構和團體等的協助，例如台灣失智症協會、各縣市政府衛生局設置的失智症服務網、天主教失智老人基金會等。

以上這些機構與單位，都會針對從失智症的早期發現、如何治療，到後續照護等提供諮詢和具體服務，可供大家去查詢與諮詢。

(2)失能：目前失能患者中，不乏有年輕人，但不可諱言，仍以年長

者居多。而碰到失能問題，就與長照有著密切關連性。

長照，最常見的方式就是請外籍看護幫忙照護，但外籍看護的申請不但有著資格上的限制，在費用上也並非人人都請得起。因此，政府立法通過了《長照服務法》，由衛生福利部依據此法推動《長照二・〇十年計畫》，預計在未來十年內將建立整體照顧模式，布建綿密照顧網。初期也許會不完全盡如人意，但未來肯定將會漸入佳境。這是一個值得大家多去運用的系統，不但可以減輕家屬在長期照顧上的負擔，也讓失能長者獲得更妥善照顧。

另外，選擇自行照顧失智長者的朋友，長期下來，也會導致自己身心俱疲，進而容易出現狀況。此時，就可以透過各縣市政府所設立的照顧服務管理中心，或向民間團體，如中華民國老人福利推動聯盟等，請求協助申請居家喘息服務。

唯有如此，方能解決長期照顧下患者與家屬雙方的問題，強化失智者的照顧，並改善彼此間溝通的狀況。

(3)失業：目前許多年輕朋友們遇到最煩惱、不平，或者說是棘手、痛苦的溝通問題，莫過於失業。

當然失業問題對年輕人來說，雖然感到十分苦惱，但並非不能解決。不過若僅靠自己的力量去解決，那是不夠的，仍必須去尋求各方協助才行。可以幫助失業朋友的單位或管道包括：

①各縣市政府的就業服務處：就業媒合。

②勞動部勞工保險局：失業給付。

③勞動部職業訓練局：職業再訓練。

④勞動部：失業勞工子女就學補助。

以上所列這些管道，均由行政院勞動部，以及各縣市政府下的就業服務處負責，這些政府機關能提供失業補助、媒合就業、發放子女就學補助等幫助。

其中，最重要的功能就屬職業再訓練，有由行政院勞工委員會職業訓練局舉辦的訓練課程，或委由民間團體、各大專院校辦理的諸多課程，可供失業朋友自由選擇、報名參加。並且所有訓練費用均由政府補助，以訓練失業朋友的第二或第三專長，好順利再就業，徹底解決此溝通問題。

(4)健康：要想如前項所談，必須照顧好自己的健康。因此，不論是年輕朋友還是年

長朋友，也都需要尋求一些協助與資源，才能比較周詳且有效地維護自己的健康。有了健康的身體為基礎後，才有可能談世代如何進行良好溝通，否則一切仍是枉然。

不論是中央或地方政府單位或民間組織，都有可協助大家維護或照顧自己身心健康的管道，包括：

①各縣市政府衛生局
②各鄉鎮市區衛生所
③衛福部國民健康署
④台灣健康人權行動協會
⑤董氏基金會

而這些政府機關或民間團體所提供的健康協助包括：

①戒菸諮詢及活動。
②疫苗注射，包含長者的流感疫苗注射。

③癌症篩檢，包含乳癌、子宮頸癌、大腸癌等。

④健康檢查，包含年輕人婚前或婚後懷孕健檢。

⑤傳染疾病防治，包含結核病的投藥。

以上種種的服務與協助，不論是年輕朋友或年長朋友，都可善加選擇及運用，以確保自己的健康，營造青、銀溝通的良好環境。

總而言之，世代溝通需要所有人一起努力，除了必須認真思考如何營造有利於彼此溝通的氛圍及條件外，也要付諸於行動，才能讓彼此雙贏與互利。

以愛為基礎，創造出共融結果，使彼此溝通無礙，當可實現美麗人生及幸福生活。

【養生智慧叢書】

找回睡眠力
——銀髮族睡眠寶典

陳錫中／著

身體漸老但心靈年輕，唯有優質睡眠才能辦得到
失眠不是銀髮族的宿命，只要觀念正確、用對方法，人人都能找回睡眠力！

長輩為什麼淺眠多夢？午覺如何睡得巧？如何吃出好眠？如何破除身體疾病和失眠的惡性循環？長者睡夢中大喊大叫是怎麼回事？如何不吃藥得好眠？如何不被安眠藥綁架？

失眠，可能是增齡的自然現象，也可能是需要治療的病症！睡眠醫學專家陳錫中醫師，用樸實、輕鬆但深具學理的方式，介紹年長者睡眠的變化，並提醒各種睡眠問題應該就診的關鍵。本書引用本土的研究資料，內容貼近臺灣銀髮族的需求，兼顧醫學科普知識與實用資訊，幫助長輩健眠增能，找回睡眠力！

溝通中

持續一生的溝通練習

作者：胡興梅
繪圖：胡鈞怡

目次

對應的章節頁數

對應的章節名稱

我碰上什麼問題：對於本書描述的狀況劇心有戚戚焉嗎？趕快動筆寫下你遇到的困難和你心中想說的話吧！

該怎麼解決：已經學到如何溝通了嗎？何不把它紀錄下來呢？

提出的新企畫又被打回票！
老闆那些人根本不懂年輕人，
只會守成，也不加薪……
我要在網路上罵死他！
反正跟他說了，
他也不懂！
現在年輕人只會說空話，
沒有經驗與基礎，
這樣我要怎麼找接班人！？
VS.
F
twitter
PTT
對啊！　對啊！

我碰上什麼問題

該怎麼解決

P. 3~7

Q. 如何跟父親溝通？

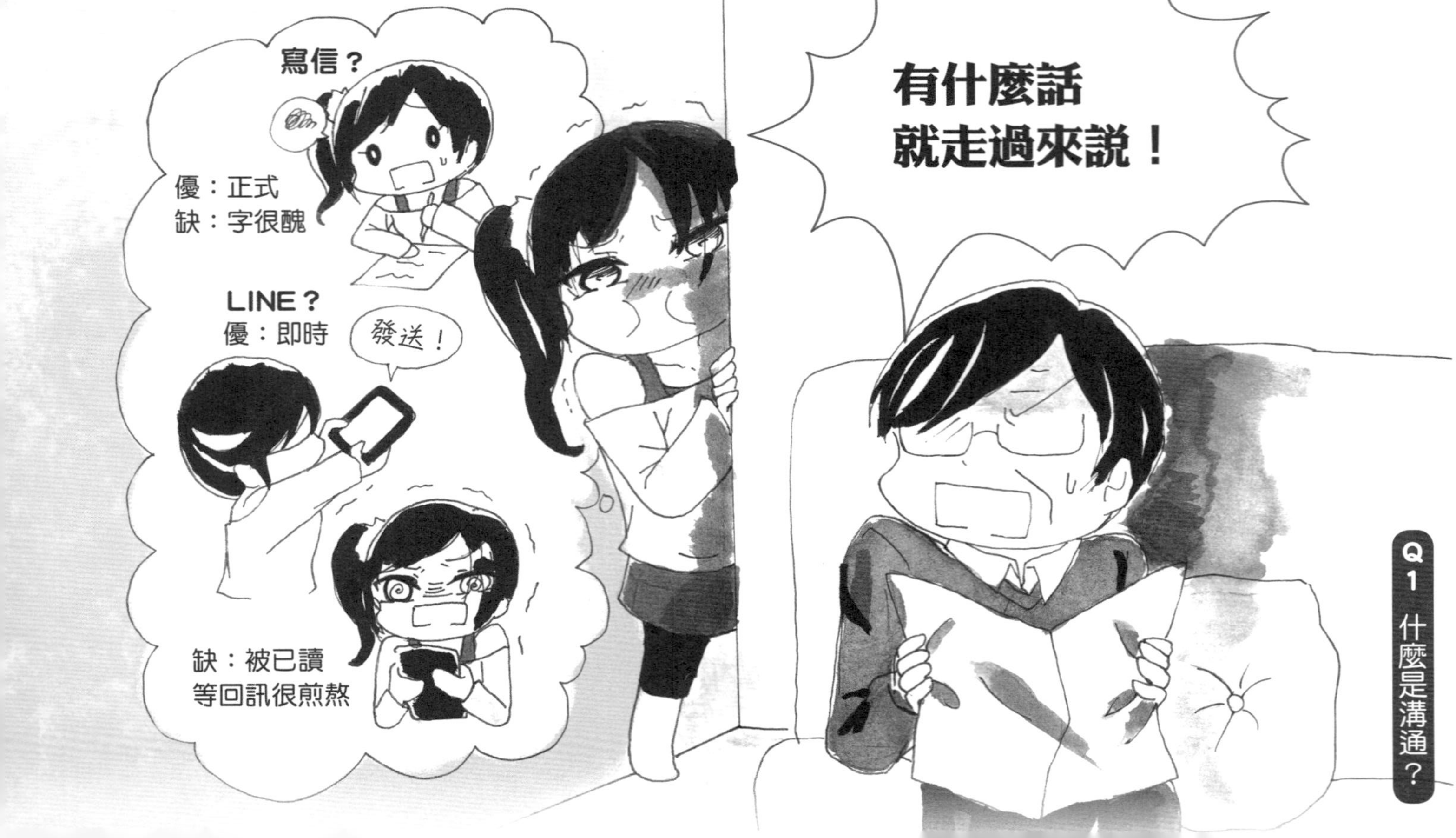
寫信？
優：正式
缺：字很醜
LINE？
優：即時
發送！
缺：被已讀
等回訊很煎熬
有什麼話
就走過來說！

我碰上什麼問題

該怎麼解決

公司電腦太舊了，很多新程式
無法運行，請換掉吧！
是嗎？早期我們全部都是
手寫還不是過來了？
別浪費錢！順便幫我把這份
文件 key in上傳
手寫

我碰上什麼問題

該怎麼解決

P. 19~32

Q3 老化，如何影響了彼此的溝通？

我碰上什麼問題

該怎麼解決

只會管東管西的老頑固！
我要背著吉他，
自己闖江湖！
你是吃錯了
什麼藥啊！？
整天不回家，打扮不得體，
作息不正常，更沒對象，
才會逼得我這麼煩躁！
青春期
更年期

我碰上什麼問題

該怎麼解決

用什麼方式才可以
正確地傳達我們想說的話呢？
哩公啥？
我是要說……
網路用語列表
台語詞典

我碰上什麼問題

該怎麼解決

咪咪怎麼突然來找我？
想爸爸啦？
盯～～
喵～
（姐姐要我來讓爸爸心情變好，才可以要求更多生活費！）

我碰上什麼問題

該怎麼解決

老師你根本不懂這遊戲
有多好玩！
怎麼可以責備我們一直玩！
我當然知道！
因為我也有在玩！
我來教你分配遊戲跟
作業時間的方法！
咦!?

我碰上什麼問題

該怎麼解決

不是我要囉嗦……
但妳頭髮染這顏色，
我覺得太淺了，不適合你。
是嗎？那我下次挑個穩重
一點的顏色好了！
爸爸也可以挑戰年輕一點的服裝，
會跟下屬更親近唷！
終於說出來了！

我碰上什麼問題

該怎麼解決

P. 107~123

為什麼女兒不懂
我工作的辛苦？
準備好一點的晚餐不好嗎？
我們不是一家人嗎？
為什麼媽媽會這樣難過？
她應該知道我照顧弟妹
也很辛苦，吃簡單不好嗎？
我們不是一家人嗎？

我碰上什麼問題

該怎麼解決

P. 125~126

即使常常話不投機，
你跟你爸爸還是堅持在對話呢！
當然是因為愛，
所以要學會了解、諒解彼此！
兒子啊~~
溝通法

實用題 對於世代溝通的提醒和建議有哪些？

我碰上什麼問題

該怎麼解決

P. 127~143

孫女啊！可不可以教我怎麼用
APP販賣我的水餃啊？
退休後閒著包了好多呢！
阿嬤就說我不要學包
水餃了嘛……
咦？你是要拿去賣？
阿嬤不然你教我包水餃，
我幫你操作APP，
我們一起創業吧！

Q9 當我們要進行溝通時，請記得

我碰上什麼問題

該怎麼解決

我們不要再相看兩相厭了，
一起踏出人生的下一步如何？
我陪你去了解樂齡大學吧！
是啊！我們都很辛苦呢！
不要害怕，我陪你去
就業服務處諮詢吧！
和解
失業
退休

我碰上什麼問題

該怎麼解決

青銀共融、創業發表會
青
銀
GOAL